密教を日本に伝えた空海 超人伝説の真相と？

中国の高僧・恵果から密教の法灯を受け継いだ空海

膨大な伝説に彩られた超人僧が伝えた驚くべき神秘体系とは

JN108884

撮影・Kankan

高野山・根本大塔の大日如来。密教の本尊である大日如来は「この身このまま仏になれる」方法を説く究極のスーパーブッダだ。

「弘法大師像」
（西新井大師蔵）

神秘的な仏画——曼荼羅

胎蔵界曼荼羅（国宝・東寺）

胎蔵とは、「母胎」を意味する。中央に描かれる大日如来を中心に、放射状に上下左右に仏尊が並ぶ。中心に坐す大日如来は、坐禅を組むときの印（法界定印）を結ぶ。

曼荼羅とは、何も過不足のない充実した「悟りの境地」をあらわす。密教の行者たちは、瞑想によって自分の心の中に道場や壇をつくり、そこに次々と仏を呼び込んでくる。そのための方法論がこの曼荼羅に示されている。

金剛界曼荼羅(国宝・東寺)

金剛とは、「悟りの智慧がダイヤモンドのように固いこと」を意味する。全体が 9 つの世界に区切られている金剛界曼荼羅の中心に坐す大日如来の印は、忍者のような智拳印だ。

密教の〈呪力〉が日本の歴史を動かしていた——?

密教の行者のごとき姿の後醍醐天皇（清浄光寺〈遊行寺〉蔵）
南朝の王権を守ったのは「密教の力」だったのか——

役行者が金峯山で感得した秘仏・金剛蔵王大権現（重要文化財。普段は開帳していない）。修験道の開祖・役行者は、孔雀明王の呪法を修めて鬼神を使役、自在に飛行するなど、修行で超人的呪力を得た呪術者だ。

眠れないほどおもしろい
「密教」の謎

並木伸一郎

三笠書房

はじめに——密教の「謎」と「驚異」を味わう本

密教というのは、仏教のなかで最も〝謎めいた〟教えであるらしい。
それもそのはずで、**「秘密仏教」を省略したのが密教**という言葉なのだ。
では、いったい何が「秘密」なのか——?

前著『眠れないほどおもしろい「日本の仏さま」』が非常に好評で、あっという間に増刷が何度もかかり、うれしい悲鳴をあげている。筆者としても、日本の仏教のことを本格的に書いたのははじめてのことだったので、大いに手ごたえを感じた次第である。

だが、この前著では、一つだけ心残りがあった。それは、仏教全般についてふれる内容であったことから、最もミステリアスな仏教流派「密教」について、量的にも質的にも満足のいくような書き方ができなかったことだ。

信じられないほどにスケールの大きな仏教界の巨人・空海《くうかい》の生涯や、日本の歴史を裏側から突き動かしてきた密教僧たちの活躍、あるいは、知れば知るほど奥深く謎めいている曼荼羅《まんだら》や真言《しんごん》の意味、そして、驚くべき力を発揮するという秘密修法《しゅほう》の数々など、語りたいことは山ほどあるのに、だ。

本書は、そんな**密教の〝謎〟と〝驚異〟を存分に楽しみ、味わってもらうための一冊**である。

おそらく本書を手に取る読者――特にはじめて密教にふれる人は、あまりにも信じられないような話が続くので、呆然《ぼうぜん》としてしまうだろう。

「バカバカしい！　そんなことが実際にあるものか！」

などと憤慨する人も、もしかしたらいるかもしれない。

だが、ちょっと待ってほしい。

密教は、日本で1200年以上にわたって伝承されてきた仏教の二大流派（顕教《けんぎょう》と密教）の一つであり、時の権力者とも密接に関わりながら歴史を動かすほどの影響をおよぼしてきた。**密教がわからなければ、日本の歴史を真に理解したとは言えない、**

という言い方すらできるだろう。

それほどのものでありながら、表立っては語られることのない、実に不可思議な世界を展開させてきたのが、密教なのである。


例によってこの本では、密教の基礎知識を非常にわかりやすく説明するとともに、一般入門書どころか、かなりの専門書でもまず書いていないようなことを、隠し味のように加えてある。

読者は本書を熟読することによって、密教のことがひと通り理解できるはずだ。そして、さらに深遠なる世界に向かうための準備を整えることができるだろう。

ぜひ、とんでもなくミラクルで、世界的にも類のない日本独自の密教の驚くべき姿を、存分に堪能していただきたい。

並木伸一郎

目次

序章

密教とは「超能力獲得」の教えである

……なぜ、これほどまでに謎めいているのか

1章 究極のブッダ〈大日如来〉から〈空海〉へ

……真言八祖の謎——「秘密の教え」を受け継ぐ系譜

2章

空海――密教の超人にまつわる10の謎

……時代を疾走した〝不死の大天才〟の秘密に迫る！

3章

日本の歴史を動かした「闇の法力」

……「覇者の陰」には、つねに怪僧の存在が――？

4章

最強の「聖地《パワー・スポット》」をめぐる旅
……神秘的な霊域、荘厳な仏たちは何を語っているのか

5章

日常性を超えていく「驚くべき修行法」

……〝内なる世界〟を呼び覚ます「仕組み」

6章 その「摩訶不思議な世界」を体験！

……覚えておくと救われる「印」と「真言」

編集協力◎麻賀多真 本文イラストレーション◎カワナカユカリ／斉藤ヨーコ

序章

密教とは「超能力獲得」の教えである

……なぜ、これほどまでに謎めいているのか

驚くべき法力が身につく「仏教の最終進化形」

仏教にはオープンにできない〝秘密の教え〟があった

日本には、多くの仏教宗派がある。

天台宗《てんだい》・真言宗《しんごん》・曹洞宗《そうとう》・臨済宗《りんざい》・日蓮宗《にちれん》・浄土宗《じょうど》・浄土真宗《じょうどしん》……と、代表的な宗派をざっと並べただけでもこれだけあるが、これらがさらにいくつもの分派を生み、そこに奈良仏教の宗派や比較的小さな宗派、さらに新宗教まで入れると、もう無数と言ってもいい数になる。

しかし、その大半は〝顕教《けんぎょう》〟の宗派である。

顕教とは、「秘密ではない教え」、「すべてオープンにされている教え」を中心的な教義とする仏教ということだ。

これに対して、**「秘密の教え」というのが、すなわち〝密教〟**だ。

日本の宗派のなかで密教を専一とするのは真言宗のみであり、また天台宗は教えの一部に密教を導入している。したがって本書では、おもにこの真言宗と天台宗のことをこれから語ることになる。


だが、その前に、いくつかのよくある誤解をまずは解いておきたい。

日本に仏教が伝来して、最初に飛鳥《あすか》仏教や奈良（南都）仏教が興《おこ》った。

その次に、平安時代になって、天台宗と真言宗が開かれた。

そして、鎌倉時代に「新仏教」と称される浄土宗・浄土真宗・曹洞宗・臨済宗・日蓮宗などが登場してきた。

だから、日本史をマジメに勉強していると、天台宗や真言宗の密教は、鎌倉新仏教の教えよりも古いものだ、というイメージをもってしまいがちだ。


ところが、実際はそれはまったく逆なのである。

インドでは、法華《ほっけ》（日本では日蓮宗など）や禅（中国や日本の曹洞宗・臨済宗）、念仏（日本では浄土宗・浄土真宗など）のほうが古くに成立した教えであって、密教はもっとずっとあとに、仏教が弾圧によって途絶える直前に登場したものだったのである。

つまり、歴史的に言えば、**密教とは仏教の最新の教えであり、最終到達点の教え**でもある、ということなのだ。

日本ではいろいろな事情から隆盛した時代が逆転してしまったのだが、実は密教こそが「仏教の最後の姿」だったのである。

もう一つだけ言っておくと、密教が日本に入ってきたのは平安時代で、遣唐使船で中国にわたった空海《くうかい》や最澄《さいちょう》が最初にもたらしたと、ほとんどの人が思っていることだろうが、実はそれもちがう。

初期の密教（雑密《ぞうみつ》）は、奈良時代にすでに入ってきていた。そして、奈良仏教の僧侶たちは、密教の祈禱《きとう》で天皇や貴族の病気平癒《へいゆ》などを祈願していたのである。だが、これについては、のちにもう一度あらためてふれることにしよう。

密教の本尊にして究極のスーパーブッダ「大日如来」とは

さて、その密教では、仏教の開祖であるはずのお釈迦《しゃか》さま（ゴータマ・ブッダ）の影が非常に薄い。

実際、真言宗のお寺に行くと、ふつうは本尊として祀《まつ》られていることが多い釈迦の仏像がないのだ。あるのは、火炎を背中にまとってすごい形相《ぎょうそう》をしている不動明王《ふどうみょうおう》だとか、何十本も手がある千手観音《せんじゅかんのん》などだったりする。密教のお寺には、実にさまざまな異形の仏像が祀られているのだ。

火炎をまとい、鋭い眼光の不動明王。煩悩に惑う衆生を救う仏尊だ

そしてそれらのなかで、つねに中心にあって最も重視されているのが、宝冠をかぶった**大日如来《だいにちにょらい》**の像なのである。

仏像に少しでもくわしい人ならわかるだろうが、いわゆる如来像というのは質素な姿をしたものばかりで、釈迦如来も阿弥陀《あみだ》如来も薬師《やくし》如来も、ほとんどちがいがない。持物《じもつ》や指の形（印相《いんぞう》・印契《いんげい》）が異なるから、かろうじて区別がつくようなものだ。

それは、悟りを開いた存在である如来（ブッダ）が、あらゆる欲望から解放された無欲の象徴でもあるからだ。

そもそも仏教は、人々がこの世の苦しみ（四苦・八苦）から解放されるために、欲望や執着の否定を説いたものだった。つまり、迷える衆生《しゅじょう》は「何かをほしがる」から、それが満たされずに苦しくなるわけだ。

そうした欲望をすべて超越した姿、地位も財産も家族もすべて捨てて、苦行のはてに真理を会得《えとく》し、ただ粗末な衣1枚をまとっただけで薄く微笑んでいるブッダの姿こそが、すべての修行者が目指すべき理想像だったはずだ。

ところが、大日如来の姿は、まったくちがう。頭にはまるで王さまのような華美な冠をかぶり、腕には臂釧《ひせん》や腕釧《わんせん》（ブレスレット）をつけ、宝玉でできた瓔珞《ようらく》（首や胸の飾り）をかけたりしているのだ（ちなみに、大日如来はなぜか坐像のみで立像《りゅうぞう》は存

密教の本尊である大日如来。その華美な外見は
「悟りの境地」からはほど遠く見えるが――

在しない。というか、少なくとも私は立像を見たことがない）。

しかし、これではまるで**仏教の根本的な教えを真っ向から否定**しているかのようだ。仏教精神は、華美に装うことの無意味さ、空しさを主張していたはずではなかったのか。いったい、これのどこが悟りを開いた如来の姿だというのか。

しかも、これまでの仏教経典は、基本的に「お釈迦さまはこうおっしゃっていました」という聞き書きの形式で説かれているのに対し、真言密教の根本経典である『大《だい》日経《にちきょう》』や『金剛頂経《こんごうちょうぎょう》』では、語り手が大日如来から直接教えを説いてもらっている、という形式になっているのである。

さらに驚くべきことに、『金剛頂経』で聞き役となっている一切義成就菩薩《いっさいぎじょうじゅぼさつ》というのは、釈迦の修行時代の名前だとされているらしい。

ということは、どういうことなのか？

要するに、それまで説かれていた仏教の教えというのはオモテの教えであって、実はずっと秘密にされていたウラの教えがあり、それは、お釈迦さまですら知らないものだった、ということなのである。

そのウラの教えをついに語りだした仏こそが、密教の本尊にして究極のスーパーブッダである大日如来なのだ。

「お釈迦さまの悟り」がスピーディーにかなう!?

大日如来は、インド名をマハー・ヴァイローチャナという。その意味は**「大いなるあまねき光」**、つまり、万物を照らし出す光のことだ。

ただ、この不思議なヴァイローチャナという名前の仏は、密教とともにいきなり現

「奈良の大仏さま」こと、東大寺の盧舎那仏。
その〝進化形〟が大日如来であるという

れたわけではない。3世紀ごろに成立した『華厳経《けごんきょう》』に、すでに**「毘盧舎那仏《びるしゃなぶつ》」**として登場している。

ヴァイローチャナを音訳して「毘盧舎那」と漢字を当てたわけだが、この毘盧舎那仏は、実はあの**奈良の大仏の正式名称**でもある（東大寺では「盧舎那仏」と表記）。

ここで、「いやいや、それはおかしいでしょう。大日如来は冠をかぶってブレスレットや首飾りをしているんじゃなかったの？　奈良の大仏は、ほかの如来像と同じような質素なお姿じゃないか」というツッコミが入りそうだ。

たしかに、その通り。奈良の大仏は、お釈

迦さまなどとほとんど変わらない、いわゆる通常の如来の姿をしている。いったい、大仏と大日如来は同じ仏なのか、そうではないのか。どっちなんだろう？

ここで、よく注意してほしい。奈良の大仏はヴァイローチャナ、大日如来はマハー・ヴァイローチャナだ。マハー（摩訶《まか》）がついているかいないかだけのちがいだが、マハーは「偉大な」とか「大いなる」という意味だ。

つまり、同じ仏だが、尊称がついているかどうかのちがいなのである。そして、**なぜ尊称をわざわざつけて区別されたのか**が重要な点である。

尊称がついていないほうの奈良の大仏は、この全宇宙そのものを表現するスーパーブッダをあらわしている。つまり、われわれの住む地球、そして太陽系、銀河系、さらにそれらをすべて含んだすべての空間、すべての事象をひっくるめた総体が、大仏の「悟り」そのものでもある、というのだ。

そんなことを言われても、何がなんだか全然わからないだろう。いくら考えてみても、頭の中が「？」マークだらけになってしまうような話だ。

とにかく毘盧舎那仏とは、もはや人類の理解の遠くおよばないような、あまりにスケールの大きな存在ということなのだ。それゆえに、大仏として造立《ぞうりゅう》されたのである。

これは、お釈迦さまが得た「悟り」がどのようなものだったのかが、後世にいたってもよくわからず、何世紀にもわたって追究・考究されていくうちに、「悟り」の正体がどんどん肥大化し理想化されていって、次々に超越的なブッダの存在が考えられるようになったからだ、という説もある。

要するに大仏は、ブッダの悟りがあまりに偉大すぎて、通常の人間ではとても理解できなかった、ということの象徴でもあるだろう。

ところが、そのヴァイローチャナがついに「悟りの秘密」を語りはじめた。3世紀の『華厳経』ではずっと黙していた毘盧舎那仏は、7世紀の『大日経』で、大日如来＝摩訶毘盧遮那仏として饒舌《じょうぜつ》にしゃべりだしたのだ。

それは、**お釈迦さまでも説くことができなかった、「誰もが悟れる方法」**というものだった。それこそが、仏教のウラの教え（密教）である。

それまでは、とにかくずっと精進《しょうじん》して修行を重ね、なんとか来世で、いや六道《ろくどう》（衆生が善悪の業《ごう》によって住む6つの迷界。地獄・餓鬼《がき》・畜生《ちくしょう》・修羅《しゅら》・人・天。六趣《ろくしゅ》とも）をグルグル輪廻《りんね》しながら何度も何度も生まれ変わったあげく、いつの日にか仏の浄土に生まれ変わる——というのが仏教のオモテの教え（顕教）だった。

だが、そうした気の遠くなるようなスタイルではなく、大日如来は**「この世ですぐに悟れる」スピーディーな方法**を説きだした。それゆえに、マハー（偉大な）・ヴァイローチャナと尊称されたというのである。

そして、その秘密を語っている姿は、まるで菩薩のようであったという。すなわち、如来でありながら宝玉のついた冠をかぶり、美しい首飾りやブレスレットを装着した、光り輝く姿であったというのだ。

「真言」に秘められたハイパーな効力

さて、密教のいちばんの特色といえば、なんと言っても**「真言」**だろう。わかりやすく言えば、これは**呪文《じゅもん》**のことである。

読者のみなさんも、きっとどこかで一度はそれらしき呪文を耳にしたことがあるのではないか。

たとえば、昔は患部をなでさすりながら、**「オン・コロコロ・センダリ・マトウギ・ソワカ」**などと呪文を唱えたりした。これは、病気治しの祈願の本尊として奈良時代から信仰されてきた、薬師如来の真言なのである。

あるいは、道ばたのお地蔵《じぞう》さんに向かって**「オン・カカカ・ビサンマエイ・ソワカ」**と唱えつづける年配の方を見かけたことはないだろうか。この地蔵菩薩の真言も有名で、地蔵はどんな境遇の人も救ってくれる仏として、広く信仰を集め、とくに真言宗や天台宗の信徒でなくとも、よく唱えられる。


このように、**真言は願いごとをかなえるための唱え文句**として、古くから親しまれてきた。不動明王を信仰する人は不動真言を唱えるし、観音さんを信仰する人は六観《ろくかん》音《のん》（六道を輪廻する衆生を救う6種の観世音《かんぜおん》菩薩）の真言を唱えたのだ。

それは、密教行者が人々のあらゆる願いに応《こた》えて祈禱を行ない、その際に秘密の真言を唱えてきたからだ。人々は、彼らの**驚異的な法力**《ほうりき》を目《ま》の当たりにして、真言の力のすばらしさを知ったのである。

ところで、これらの真言は、ちょっと不思議な響きの言葉だと感じないだろうか。

つまり、中国から伝わったお経の言葉は、すべて漢字の音から読まれているはずなのに、真言には、なんだか漢字文化の言葉ではない響きがあるような――。

それは、**真言が古代インドのサンスクリット語**だからだ。

お経はもともと、インドの経典を中国語に翻訳したものが日本に伝わっているわけだが、真言の部分だけは翻訳されることなく、呪文の言葉がそのまま漢字に音写されているのだ。

それは、真言が「唱えること」によって効力を発揮するものだったからだ。言葉の意味が重要なのではなく、言葉の響きがもつ神秘的な力が求められたからである。

『般若心経』の〝あらたかな効験〟の秘密

仏教で最もポピュラーな経典といえば**『般若心経《はんにゃしんぎょう》』**だが、実はこの短いお経のなかにも真言がちゃんと含まれている。

『般若心経』は、この世のすべては「空《くう》」であるということを縷々《るる》説明したあげく、最後に「一切の苦を除くことができる最高の呪文、般若波羅蜜多《はんにゃはらみた》の真言を教えよう。すなわちそれは『羯諦羯諦《ギャテイギャテイ》、波羅羯諦《ハラギャテイ》、波羅僧羯諦《ハラソウギャテイ》、菩提薩婆訶《ボジソワカ》』というものである」と説いている。

このリズミカルな「ギャーテイ・ギャーテイ……」という部分がサンスクリット語だ。意味を漢訳するのではなく、音だけが音写されている。

『般若心経』が幅広く唱えられるのは、この最後の部分の真言の力が絶大だからだ。

さらに、あえて言えば、『般若心経』をすべて唱える必要はなく、この最後の真言のみをずっと唱えていれば効験《こうげん》があるということになる。

実際に、『般若心経』自体がそう述べているのだから。

神秘的な仏画――「曼荼羅」が意味していること

真言と並んで、どうしてもはずせない密教の特色の一つに、**「曼荼羅《まんだら》」**がある（口絵カラーページ参照）。

これまた、どこかで一度は目にしたことがあるのではないだろうか。

曼荼羅とは、おびただしい数の仏尊たちが幾何学的に美しく配置された図像で、よく大きな掛け軸にされて、密教寺院の本堂などにつり下げられている。

どこか謎めいていて、いかにも意味ありげで神秘的な仏画だが、門外漢にはまったくもって意味不明なものだ。

ともかく、密教といえば曼荼羅であり、曼荼羅のない密教寺院はない。

そして、曼荼羅を知ることなしに密教を理解することは、絶対にできないと言ってもいいだろう。

このマンダラという言葉もサンスクリット語で、うまく日本語に訳すことは難しいが、「本質の達成」というくらいの意味だ。つまりは、**何も過不足のない充実した悟りの境地**のことだろう。

密教では、その曼荼羅を仏たちの集合体として表現する。

それは、言ってみれば**真実の世界の見取り図**であり、修行者たちのための**仏国土**《ぶっこくど》**（浄土世界）へのガイドマップ**でもある。

密教の行者たちは、瞑想によって自分の心の中に道場や壇（仏像を安置したり、供物などを供えたりする場所）をつくり、そこに次々と仏たちを呼び込んでくる。そのための方法論が、この曼荼羅に示されているというのである。

密教に欠かせない「3つのM」とは

曼荼羅には実にいろいろなタイプのものが存在するが、そのうち最も重要で、密教の道を歩む者が必ず学ばなければならないのが、**胎蔵界曼荼羅**《たいぞうかい》**（胎蔵曼荼羅とも）**と**金剛界**《こんごうかい》**曼荼羅**である。この2つを、**両界曼荼羅**とか**両部曼荼羅**と呼ぶ。

両方とも、中心には大日如来が坐している。だが、よく見ると、それぞれの手の組み方（結び方）がちがっている。

胎蔵界曼荼羅の大日如来は、いわゆる坐禅を組むときの手の形（法界定印《ほっかいじょういん》）。

金剛界曼荼羅の大日如来は、まるで忍法を使うときの忍者のような手の形（智《ち》拳印《けんいん》）だ。

このように、仏たちはいろいろな手の形でポーズをとっていて、それぞれの形に意味がある。これを「印」（印相・印契）という。サンスクリット語ではムドラーだ。

真言（マントラ）、曼荼羅（マンダラ）、印（ムドラー）を俗に「**3つのM**」と称して、このうちのどれが欠けても密教修法《しゅほう》は成り立たない。まずは、それだけをよく覚えておいていただきたい。

まさに神通力！「即身成仏」で得られる奇跡の能力

すべての密教修行者たちは、大日如来が語りはじめた「悟るための方法」を実践することになる。

なにしろ、この画期的な方法を実践すれば、何度も何度も生まれ変わって善行を積みつづけるなどしなくても、この世で、現在のこの身のままで、悟りを得る（仏になる）ことができるのだから。

このスピード感満点の悟り方のことを、「**即身成仏**《そくしんじょうぶつ》」と呼ぶ。

密教の最終的な目的は、即身成仏である。

では、即身成仏すると、いったいどうなってしまうというのだろう？

この世で最初に、肉体をもったまま仏と成った（成仏した）のは、ゴータマ・ブッダ、つまりお釈迦さまである。

原始経典には、ブッダが**「六神通《ろくじんづう》」**を示したことがはっきり記されている。それは、次のような**6つの神通力（超能力）**である。

・**天眼通《てんげんつう》**……霊視・透視。あらゆるものを見通し、自分や他人の未来をも見る力
・**天耳通《てんにつう》**……霊聴。あらゆることを聴き分け、人には聴こえない音や声を聴く力
・**他心通《たしんつう》**……テレパシー。他人の考えていることを瞬時に知る力
・**宿命通《しゅくみょうつう》**……自分の前世、遠い過去世のことを思い出す力
・**神足通《じんそくつう》**……瞬間移動や飛行、変身などの肉体的な超能力
・**漏尽通《ろじんつう》**……煩悩《ぼんのう》を消滅させ、六道輪廻の輪から解脱《げだつ》する力

いかがだろう。まさに超人と言ってもいい、奇跡の力ばかりではないか。

しかし、こうした超能力を、ブッダは布教のために示すことはあっても、弟子たちには使用を固く禁じたという。それはひとえに、悪用されることを防ぐためであり、

そもそも神通力の獲得が仏教の目的ではなかったからである。

つまり、こうした神通力とは、悟りを得て仏となったときにオマケのように身についてしまうもの、ということなのだろう。

『大日経』にもはっきり、即身成仏すれば「五神通」を獲得する、と書いてある。つまり、5つの神通力+悟り（漏尽通）ということだ。


それでは、密教を習得すれば、どんな人でも超能力を得ることができる、ということになってしまうが、それはほんとうだろうか？

私は、日本の仏教界に非常にくわしいある人物から、こんな話を聞いたことがある。さしさわりがあるので名前は出せないが、密教の世界では誰もが知る高僧が、こんなことを言っていたというのだ。

「密教の修行をきちんとすれば、超能力なんて自然に身についてしまうもんや。ただ、どっちみち人前では使えんし、他人に話しても頭がおかしなった思われるだけやから、よう言わんだけやけどな……」

そして、顕教とは異なり、密教はむしろ積極的に超常的な能力を得ようとしているフシもある。なぜなら**密教は、さまざまな加持祈禱《かじ》をほどこすことによって奇跡を起こすことが、歴史的に期待されてきた**からだ。

呪術・愛欲の力さえ飲み込む〝ハイブリッドな体系〟

さて、読者諸賢はすでにうすうす感じはじめていることと思われるが、ここまで読んできて、「密教はほんとうに仏教なのか?」という疑問が湧いてきてはいないだろうか。

真言だとか、曼荼羅だとか、ふつうの仏教にはない不思議なものがどんどん出てくるし、だいたいお釈迦さまの教えじゃなくて、ほかの仏の教えであるって、いったいどういうことなのか。しかも、超能力だなんて!

いや、まさにそのような疑問は当然、芽生えてくるはずだ。だが、これから本書を読んでいくと、その疑問はさらに増殖し、深まってしまうことになるだろうから、ここで最初にはっきりさせておこう。

密教は、まちがいなく仏教である。この章の最初に書いたように、インド仏教の最後の姿が密教なのである。ただし、その**教義や行法には、ヒンドゥー教の秘密ヨーガの影響が色濃く見られる**。それは、なぜなのか。

誤解を恐れずにひと言で言ってしまえば、密教とは、仏教とヒンドゥー教が習合したものなのである。つまり、インドにおける神仏習合の産物なのだ。

ブッダ以降、時代が下るにつれて仏教の理論はより高度化し深化していったが、それに修行法がついていっていなかった。

悟りを得てブッダになることが究極の目的だったはずなのに、仏教は心の構造分析だとか、善行の積み方だとか、救済のための精神論ばかりが花盛りとなって、かんじんかなめの「悟るための修行」は、ほぼ昔ながらのままだったのだ。

そこに、仏の精神と身体を短期間に獲得するための画期的な方法論が、今まで隠されていた究極の教えだとして〝発見〟された。

それは、ブッダがかつて対立し否定していたバラモン教をルーツとする、ヒンドゥー教のヨーガの儀式と技法だったのである。

密教にはヒンドゥー教の「秘密ヨーガ」の影響が色濃く見られる

もう一度、書いておこう。密教は、それでも仏教である。

要するに、仏教はみずからの深化と発展のために、貪欲に対立概念やライバルの力を吸収したのだ。

今まで否定していた「呪術《じゅじゅつ》」や「愛欲の力」までも飲み込んで、すべて悟るための血肉に変えていった。

それによって、超ハイブリッドでダイナミックな神秘主義の体系が誕生した。それが、仏教の最終形態、つまり密教だったのである。

コラム

『般若心経』100万回読誦で〝未来予知〟や〝念写〟が可能に⁉

本文でも書いたように、実は日本の密教のお坊さんたちも、修行を重ねれば超能力が得られることはわかっているはずだ。

だが、現代では、怪しげな新興宗教とまちがえられるなど、いろいろとメンドウな問題や誤解が生じてしまうので、それをあえて語ろうとはしないだけだ。

ところがそれを、在家《ざいけ》ではあるが、昭和40年代に声高《こわだか》に語っていた人物がいる。京都の小原弘万《おはらひろかず》氏である。現在では、ほぼ忘れられた存在となっているが、ぜひここで紹介しておきたい。

小原氏は、社会福祉法人聖徳会の理事をつとめていた人物だが、幼いころから真言密教に興味をもち、24歳のときに曽祖父が謹写した『般若心経』の掛け軸を自宅で発見して以来、毎日これを唱えるようになったのだという。

すると、なぜか不思議に商売がうまくいくようになった。それであるとき、京都・嵯峨《さが》の清凉寺《せいりょうじ》に詣《もう》でた際、秘仏本尊の釈迦像の前で、「生あるうちに心経を100万遍《べん》、奉読いたします」と誓ってしまった。

以来、独自の呼吸法とともに毎日『般若心経』を読み上げ、12年9カ月をかけて、ついに100万回読誦《どくじゅ》を達成。すると、どんどん奇妙な現象が起こりだした。

最初は**テレパシーのような感覚**が生まれた。来客などと対話中に相手の心の中が、まるで自分が受信機にでもなったかのように、自然に伝わってくるのだ。

次いで、今度は相手の**過去が見える**ようになった。それで、「あなたは、これこれこうだったでしょう」と百発百中で指摘するものだから、相手はただただ驚くばかりである。さらには、交通事故などの**未来予知**までするようになってしまった。

あるときには、土蔵の中に不発弾があるのを**透視**して、これを間一髪《かんいっぱつ》、取り出したことまであった。

そんな霊能力だけでも尋常ではないのに、小原氏はついには**念写**をするようになった。彼が念じただけでフィルムが感光し、そこに不思議な模様や文字が浮かび上がるようになったのである。

当然ながら、そんな小原氏をマスコミは放っておかず、テレビに出演するようになり、雑誌にも頻繁《ひんぱん》に登場することとなった。ある少年雑誌などは、「日本の超能力者、びっくり写真機人間」と紹介したほどだ。あのスプーン曲げの超能力者ユリ・ゲラーが来日して大旋風《だいせんぷう》を巻き起こす、ほんの数年前の話である。

空海が、虚空蔵《こくうぞう》菩薩の真言を100万回唱えて（虚空蔵求聞持法《ぐもんじほう》。215ページ参照）驚異的な記憶力を獲得したのは有名な話だが、現代にも同じような奇跡を起こした在家の密教行者がいたのである。

1章

究極のブッダ〈大日如来〉から〈空海〉へ

……真言八祖の謎——「秘密の教え」を受け継ぐ系譜

神秘に彩られた「伝説の祖師」たち

ミステリアスの極致！「真言八祖」とは

今回この本を書くにあたって、一般的な書店によく置いてあるような密教入門書を何冊か手に取り、ざっと目を通してみた。

どれも同じようなことが書いてあるなあ、というのが正直な感想だが、その反面、なぜこんな重要なことが書いてないんだろう、と思われる点も次々と思い浮かんできた。その最たるものが、**「真言八祖《しんごんはっそ》」の話**である。

つまり、はるかな昔から**密教の法灯《ほうとう》を秘密裏に伝えてきたといわれている伝説の祖師たち**のことが、まったくと言っていいほどふれられず、いきなり**真言宗の開祖の**

空海《くうかい》の話からスタートしてしまっているのだ。

空海に直接法を授けた恵果《けいか》のことはさすがに書いてあるものの、それ以前の祖師たちについて、ほとんどの入門書は無視するか、ただ系図を掲げるのみだ。

しかし、それでは密教の本質についての何かを見落とすことになってしまうのではないだろうか。

たしかに、密教が語る「密教のはじまりの物語」は、とても現実に起こったこととは思えないような話ばかりだ。現代人から見れば、ただの荒唐無稽《こうとうむけい》な神話や伝説にすぎないかもしれない。

だが、私はここにこそ、密教のルーツを探るヒントがあると思う。分厚いベールの陰から、密教の正体がチラチラとその顔をのぞかせているような気がしてならないのだ。はたして、読者のみなさんはおわかりになるだろうか。

というわけで、この第1章では、**密教の三国伝来の伝説**を紹介してみたいと思う。

密教はどうやって天竺《てんじく》（インド）で成立して、それがどのように唐（中国）に伝わり、日本にまで伝わってきたのか――というお話である。

一子相伝の秘教――そして、バトンはわたされた

比較的大きな真言宗の寺院に行くと、よく本堂の上部の壁などに「真言八祖」の肖像画が掲げられている。

これは、龍猛《りゅうみょう》・龍智《りゅうち》・金剛智《こんごうち》・不空《ふくう》・善無畏《ぜんむい》・一行《いちぎょう》・恵果・空海の8人の肖像だ。

このうち、恵果と空海は知っているけれど、ほかの6人については名前も聞いたことがないという人がほとんどだろう。「きっと、昔のエラい僧たちで、信者やお坊さんが知っていればいい人たちなんだろう」などと思うはずだ。

まあ、それはひとまずおくとして、これは**真言密教の教えを一子相伝《いっしそうでん》で伝えてきた系譜**だというのである。

これを、真言宗では**「伝持《でんじ》の八祖」**と呼ぶ。

ところが、密教の系譜にはもう一つ、**「付法《ふほう》の八祖」**という系譜があって、両者を並べると次のようになっている。

真言八祖の系譜（付法の八祖と伝持の八祖）

付法の八祖		伝持の八祖
第一祖	大日如来	
第二祖	金剛薩埵	
第三祖	龍猛 インド僧	伝持の八祖
第四祖	龍智 インド僧	伝持の八祖
第五祖	金剛智 インド僧(671～741)	
第六祖	不空 インド僧(705～774)	伝持の八祖
	善無畏 インド僧(637～735)	伝持の八祖
	一行 中国僧(683～727)	伝持の八祖
第七祖	恵果 中国僧(746～805)	伝持の八祖
第八祖	空海 日本僧(774～835)	伝持の八祖

・**伝持の八祖……**龍猛→龍智→金剛智→不空→善無畏→一行→恵果→空海
・**付法の八祖……**大日如来《だいにちにょらい》→金剛薩埵《こんごうさった》→龍猛→龍智→金剛智→不空→恵果→空海

おおよそは重なっているが微妙に異なっていて、最終的にはどちらも空海につながっていく。とにかくこれが、密教の最初期の系譜だというのである。

「伝持の八祖」は、人間世界で教えを護持してきた者たち。
「付法の八祖」は、秘密の教えの正統継承者の系譜だ。

したがって、実は寺院には掲げられていないほうの「付法の八祖」こそが、リレーのように、教えのバトンを受けわたしてきた系譜なのである。

それでは、その驚くべき系譜の面々による不可思議きわまりない物語を、これから順番に説明していくことにしよう。

第一祖　大日如来による〝大いなる秘密〟の開示

さて、のっけからなんだが、密教の第一祖（大日如来）と第二祖（金剛薩埵）は、はっきり言って人間ではない。

だから、もちろんくわしい素性などはわからない。

そもそも〝人間を超越した存在〟という位置づけなのだから、わかろうとするほうがまちがいなのだ。

とくに**第一祖の大日如来は、序章でも書いたように、この世のすべて、大宇宙そのものであり、悟りそのもの**でもあるという。

はじめての本格的な密教経典である『大日経《だいにちきょう》』は、この超越的な存在である第一祖の大日如来と第二祖の金剛薩埵が、えんえんと語りつづけるもので、それは次のようなシーンから語り起こされている。

時間も空間も超越したあるところで、大日如来が祈禱の力によって超巨大な宮殿を出現させた。

それは、上部が見えないほどの高さの大楼閣《ろうかく》で、内部も際限がないほどの広大さだ。

そこに、19人の修行者が集まってきた。

大日如来は、これらの修行者に説法をはじめる。そして、「わたしの身体と言葉と心の秘密を、おまえたちに伝えよう」と宣言するのである。

それを聞いて、修行者たちは大いに感動して奮《ふる》い立ち、この世界にそのすばらしい教え（密教）を広める決意をする。


すると突然、その修行者のひとりが、如来に対して矢継ぎ早に次のような質問をはじめたのである。

「如来よ、あなたはいったい何者ですか？」

「あなたは、いかにして秘密の智慧《ちえ》を獲得したのですか？」

「その智慧は、どこから生まれるのですか？」

「その智慧は、何を原理とするのですか？」

「その智慧は、何を目標とするのですか？」

すると、大日如来はこう答えた。

「みごと、みごとだ、修行者よ！　よくぞ、そのようなことをたずねてくれた。それでは、よくよく聴いて理解せよ！」

「その智慧は、悟りを開こうとする心から生まれる」
「その智慧は、慈悲の心を根本原理としている」
「その智慧は、法力《ほうりき》を得ることを最終目標とする」

いかがだろう。思わず、ポカーンとしてしまった人も多いのではないか。すぐに意味がわからなくてもいいとは思うが、この如来の答えは「三句《さんく》の法門《ほうもん》」と称され、密教の根拠を示したものとして有名なのだ。

ともかく、このようなやりとりによって、大日如来による秘密の開示がはじまるわけだが、ここでクラスの優等生くんよろしく先生に質問をしまくった修行者こそが、第二祖の金剛薩埵なのである。

第二祖　金剛薩埵から「愛欲肯定」ははじまった？

本来はしゃべってくれないはずの究極の如来が、金剛薩埵の巧みな質問力によって、ポロポロと隠された知識を語りはじめた。

このあと如来は、１６０段階もの悟りの心のあり方を説き、10種の幻のたとえについて語ったのち（ふつうの人ならこのあたりで、「参りました、もうけっこうでございます」と降参したくなるところだろう）、ようやく実践的な秘密修法《しゅほう》を教えはじめるのだ。

大日如来から直に教えを受けた
という第二祖・金剛薩埵

すなわちそれが、**胎蔵界曼荼羅《たいぞうかいまんだら》のつくり方**と**その瞑想法**だったのである。

ところで、この質問者の金剛薩埵だが、非常にわかりにくい存在だ。世に、大日如来のことを説明する本は数多《あまた》あれども、金剛薩埵についてくわしく書いた本はまれである。

しかも、入門書のたぐいでは「すべての密教修行者が目指すべき理想の存在」だとか、「ダイヤモンドのように堅固な心をもつ者」などと、わかったようなわからないような説明がなされるばかりで、いっこうに要領を得ない。

ともかく、大日如来があまりに抽象的な存在だったので、もっと人間の側に近い、親しみやすい存在が第二祖に必要だったということはあるだろう。

金剛薩埵は、いわゆる菩薩《ぼさつ》のひとりで、インド名はヴァジュラ・サットヴァという。菩薩なので、冠をかぶって、首飾りやブレスレットをしている。

ということは、大日如来とあまり変わらない姿ということになるが、手に金剛杵《こんごうしょ》や金剛鈴《こんごうれい》という法具を持っているので、区別はすぐにできる。


この金剛薩埵が謎めいているのは、**仏教がずっと否定してきた「愛欲」**に関係しているらしいからだ。

金剛界曼荼羅は9つのブロックからなる曼荼羅（224ページ参照）だが、そのうちの右上のブロック（理趣会《りしゅえ》）だけは、金剛薩埵が主尊となっている（ほかの8つは、すべて大日如来が主尊）。

そして、そこでは、金剛薩埵の四隅に4人の女尊《にょそん》が配置されている。

その4人とは、欲《よく》・触《そく》・慢《まん》・愛《あい》の女尊たち（欲金剛女菩薩・触金剛女菩薩など）である。

要するに、これらの女尊は、今まで仏教が苦しみの根源として否定してきた「愛欲」や「傲慢《ごうまん》」などの象徴なのだ。

密教では、これらの煩悩のドロドロとしたエネルギーを、一気に即身成仏《そくしんじょうぶつ》への力に転換させるのだという。

煩悩こそが悟りへの近道というわけだ。今までの仏教とはまったく逆の発想だったのである。

第二祖・金剛薩埵は、その秘密の変換技術に深く関与している菩薩なのである。

こうして密教は「人間界」にもたらされた

第三祖　「一切は空である」を創出した超大物・龍樹

密教は、第三祖にいたって、ようやく人間界の話となる。

インド名を**ナーガールジュナ**、密教だけでなく大乗仏教全体の祖としても有名な、**龍樹**《りゆうじゆ》こそがその人だ。密教では、彼のことを**龍猛**《りゆうみよう》と呼ぶが、ここでは龍樹で通そう。

龍樹はまちがいなく実在の人物で、2世紀から3世紀にかけて活躍した大学匠《だいがくしよう》であり、**「一切は空《くう》である」**という有名な概念を創出した、仏教界の超大物である。

ということは、さぞかしりっぱな高僧だったと思うだろう。

第三祖・龍樹（龍猛）。若いときは〝とんでもない男〟だったらしい

ところが、さにあらず。

龍樹はとんでもない男であった。

南インドのバラモン（僧侶・祭《さい》祀《し》階級）の家に生まれた龍樹は、まだ血気盛んな若者のころ、悪友と3人で隠身《おんしん》の秘薬を用いて姿を消し、なんと王宮に毎晩侵入して、美しい后《きさき》や女官たちを次々と犯していたのである。

なかには、それで妊娠してしまい、悩んだあげくに自殺してしまう女官まで出るほどだった。事態を深刻にとらえた王は、この透明な賊《ぞく》をなんとか捕まえんと知恵をしぼり、王宮のいたるところに砂をまいてみた。

するとその夜、姿は見えないものの3人の足跡が砂の上に点々とついてしまい、ついに悪友2人は発見されて斬り殺されてしまった。

間一髪でひとり脱出に成功した龍樹は、深く反省し、「これからは愛欲を断たねば……」と、山にこもって出家をはたしたのである。

以後、人が変わったように猛勉強してあらゆる経典を読破した龍樹は、インド中を遍歴し、なみいる修行者たちに論戦を挑むようになった。そして、彼らを次々に論破していくうちに、いつしか無敵の仏教理論家となっていたという。

このように、龍樹は超努力家で大天才ではあるが、ある意味、非常に思い込みが強く、場の空気の読めないタイプの男なのであった。ともあれ、以後は、もともと有していたバラモン教由来の神秘的な能力もふんだんに活用しつつ、布教に励んだという。

布教していたころの龍樹には奇想天外な活躍がいろいろあるが、それらを書いていくとキリがない。問題は、**「どうやって密教の教えを受け継いだのか」**である。

これが「人間界に密教がもたらされた」瞬間

龍樹が諸国を遍歴していたあるときのこと、南インドに不思議な鉄の大塔（南天鉄《なんてんてつ》塔《とう》）があることを聞きおよんだ。

その鉄塔には秘密の経典がぎっしり蔵されているが、お釈迦《しやか》さまが亡くなってから800年ものあいだ誰もその扉を開いた者がいない、というのである。

もちろん、自信家の龍樹はそれを聞いてすぐに、自分が開いてやろうと思った。

そして、7日間、念誦《ねんじゆ》しながら塔の周囲をぐるぐるとまわり、門扉《もんぴ》の前では白芥子《びやくがいし》（シロカラシ）7粒の香を焚《た》いた。

そして、ついに7日目、呪言《じゆごん》を唱えながら扉をたたくと、なんとギシギシと重い音をきしませながら鉄の扉が開いたではないか。

中をのぞくと、多くの巨大な金剛神たちがひしめいている。どうも、奥のほうには祭壇があって、彼らはそちらに向かって瞑想《めいそう》しているようだ。内部にはなんともいえない芳香が漂い、仏を讃美する歌が静かに流れている。

すると、何人かの金剛神が扉口の侵入者に気づき、怒りの形相もあらわに近づいてきた。ものすごい剣幕で、これはとても中に入れそうにない。

そこで龍樹はすぐさま、伝統の作法に則《のつと》って懺悔《さんげ》をし、自分には邪心がないことを誓うと、金剛神は「何用だ！」と怒鳴りつけてきた。

「お釈迦さまが入滅《にゅうめつ》されてから、この世界には邪教がはびこり、仏の教えが滅びかけております。私は、この塔の中に尊い如来の法が納められていると聞き、衆生を救うためにぜひ法を授けていただきたいと思って参りました」

そう答えると、金剛神は「そうか」と、今度は驚くほど素直に中に入れてくれた。

塔の中は異空間にでも通じているのか、はてしなく別世界が広がっていて、どうやらそこは菩薩たちの住む国のようである。

龍樹は、金剛神たちの長である金剛薩埵のもとに導かれた。そこで秘密の教えを伝授され、ついに『**大日経**』と『**金剛頂経**《こんごうちょうぎょう》』を授かったのである。

塔に入ってから、どのくらいの時間がたったことか。経典を携えた龍樹が外に出ると、ふたたび扉は閉ざされ、二度と開くことはなかったという。

これが、**「人間界に密教がもたらされたはじまりの話」**だというのである。

第四祖　ミステリアスすぎる不老不死の仙人・龍智

龍樹（龍猛）の話は、まるでアラビアン・ナイトのような痛快で幻惑的なエピソードが多い。だから、彼の残した『中論《ちゅうろん》』や『大智度論《だいちどろん》』のような超高度な仏教理論書とのギャップが激しすぎて、ちょっととまどってしまう。

ところが、**第四祖の龍智**（インド名**ナーガボーディ**）は、一転して地味な存在で、真言八祖のなかで最も影が薄いと言っていい。

そして、この第四祖は、かなり不可解な存在でもある。

そもそも、龍智は龍樹からいつどこで密教を受け継いだのかが、さっぱりわからないのだ。

不可解なことは、それだけではない。

龍樹は3世紀に亡くなっているが、そのころに法を継いだとすると、とんでもないことになる。というのも、龍智が第五祖の金剛智を弟子としたのは、西暦にして70

1年のことだからだ。

つまり、その時点で少なくとも龍智は400歳以上だったことになるのだ。

さらに驚くべきことに、龍智は弟子の金剛智が死んだのちも、まだ悠々と生きている。そして、孫弟子に当たる第六祖の不空にまで密教を授けているのだ！

怪しい話は、まだまだある。

あの**三蔵法師**《さんぞうほうし》として有名な**玄奘**《げんじょう》が、シルクロードを踏破して7世紀半ばにインドにいたったとき、南インドの磔迦《タッカ》国のマンゴーの林の中で、龍智に出会っている。そのとき、龍智の顔は30歳くらいにしか見えなかったが、自分は700歳以上だと言っていたというのだ。

それとほぼ同じころ、中部インドのナーランダ大僧院を訪れていた善無畏（「伝持の八祖」のひと

800歳まで生きたとも噂される
第四祖・龍智

７世紀、善無畏（「伝持の八祖」のひとり）は、
ナーランダ大僧院で800歳の龍智に会ったという

り）もまた、龍智と思われる僧に会い、密教を授かったという。そのときは、顔は40歳だが年齢は８００歳だと言っていた、と。

このように、龍智は長生きしたという話ばかりがあって、死んだという話はどこにも伝わっていない。まさに、**不老不死の仙人のような存在**なのである。

その後、龍智が教えを授けた金剛智や不空、善無畏たちは、すべて唐の国にわたって、そこで密教を伝えていった。

ここで舞台は、天竺（インド）から唐（中国）に移ることになる。

というのも、その後、密教はさらなる秘教化をとげて隆盛するのだが、13世紀にいたってイスラム勢力がインドになだれ込み、寺院や仏像は破壊し尽くされて、インド仏教全体が滅んでしまったからだ。

しかし幸いなことに、インド仏教の最後の教えはチベットに伝えられていた。**日本には伝わらなかった密教の最終進化形態は、天空の秘境チベットにおいて法灯が守られた**のである。

このチベット密教について語ろうとすると、「死者の書」だとか、性的ヨーガだとか、転生《てんしょう》しつづける僧だとか、説明しなければならないことが山ほどあって、いくらページがあっても足りないので、ここでは涙を飲んでやめておく。
が、一つだけふれておきたいのは、**仏教の最後の経典**のことである。

インド仏教が滅亡する直前の経典『**時輪《じりん》タントラ**』には、ある予言が記されていたのである。

すなわちそれは、次のようなものである。

中央アジアのどこか秘密の場所に、密教に通じた者だけが行き来できる**シャンバラ**という王国がある。インドでは仏教は滅びるが、この王国では奇跡的に平安が続き、やがて第二十五代の王のときに、王国はその姿を現す。

そして、仏敵（イスラム勢力か？）とのあいだで世界最終戦争が行なわれるというのだ。経典によれば、この最終戦争は25世紀初頭、つまり今から４００年後に勃発《ぼっぱつ》することになっているというのだが……。

ともあれ、この理想郷シャンバラの場所を探し当てようと、今まで多くの探検家たちが中央アジアの奥地を探索してきたが、いまだ発見の報はない。

一説によれば、あの**ヒトラーも、シャンバラの秘密の叡智《えいち》を求めて、再三にわたってチベットに探検隊を派遣**していたという。

なぜ「法灯」は空海に受けわたされたのか

第五祖　玄宗皇帝の娘を蘇らせた神のごとき行者・金剛智

ここからいよいよ中国編に移るが、まだしばらくはインド僧の話である。
しかし、第五祖からは生没年や業績がはっきりしてきて、ようやくふつうの祖師伝っぽくなってくる。

第五祖の金剛智（インド名**ヴァジュラボーディ**）は、中部インドの王国の王子だったが、10歳のときに出家し、修行の道に入った。
そして西暦701年、31歳のときに第四祖の龍智の弟子となり、そこで7年間学ん

〝神のごとき行者〟と呼ばれた
第五祖・金剛智

で、金剛界系の密教を正式に授けられたという。

金剛智はものすごい術者であったらしく、3年も雨が降らなかった土地に請雨経法《しょううきょうほう》の祈禱で簡単に雨を降らせたりして、インド各地やスリランカの王族などからひっぱりだこの状態だった。

だが、あるとき南インドで**「大唐国に行きて密教を宣布せよ」との観音《かんのん》菩薩のお告げ**を受け、入唐《にっとう》を決意する。718年のことだった。

そのころの唐は、あの世界三大美女のひとり、楊貴妃《ようきひ》に入れ込んだことで有名な**玄《げん》宗《そう》皇帝の時代**だった。

金剛智で最も有名なエピソードは、次のようなものである。

玄宗の25番目の愛娘《まなむすめ》が長患《ながわずら》いで寝込んでいたが、あるときついに昏睡《こんすい》状態となり、亡くなってしまった。

嘆き悲しむ玄宗は、どうにかならないかと道教の名だたる道士たちに祈禱させたが、死んだ人間がどうにかなるはずがない。それでも、もうワラにもすがる思いで評判の術者であった金剛智を宮廷に呼び寄せた。

すると、金剛智は7歳の童女2人とともに現れた。そして、童女たちに赤い布で目隠しをして精神集中させると、3人で一気に精神をダイブさせた。

はた目には、ただ3人が気を失って倒れたように見えただけであった。だが、金剛智と童女は、生きたまま冥界《めいかい》に精神を飛ばしていたのである。

そして地獄界の冥府におもむくと、閻魔王《えんまおう》に話をつけて皇女の霊魂を返してもらい、**それを童女たちに先導させて、この世に連れ戻してきた**のである。

現界《げんかい》（この世）では、息絶えていたはずの皇女が急にぱっと起き上がり、目を開いてしゃべりはじめた。あまりのことに口を開けて驚く玄宗に、皇女は、

「父上が呼び戻してくださり、やっとご聖顔を拝することができました。でも、人の

寿命は勝手に動かすことはできないようです」

そう言って別れを惜しみ、半日後に、今度こそ亡くなったのだった。

この一件から、それまで金剛智をうさんくさい目で見ていた玄宗は、すぐに密教に帰依《きえ》したという。

第六祖　空海の前世の姿？　大天才・不空

第六祖の不空（インド名**アモーガヴァジュラ**）もインド出身で、早くに孤児となり、叔父に連れられて交易商人とともに諸外国をまわり、13歳のときに洛陽《らくよう》に入った。717年のことである。

そして、その翌年に**インドから来た金剛智のもとに入門**し、修行をはじめた。

神のごとき行者といわれた金剛智だったが、その金剛智が舌を巻くほど驚嘆したのが、天才少年の不空だった。

なにしろ幼いころから諸国をめぐっていたので、多数の言語に通じており、インドの経典も師匠をさしおいてバリバリ漢訳できるのだった。また祈禱の力も抜群で、数多の弟子のなかで、不空が一番弟子に選ばれたのは言うまでもない。

７４１年に金剛智は亡くなるが、その直前に、不空にインドに行くよう命じた。まだ生きているはずの**龍智に会って教えを受けよ**、というのだ。

そして、そのころセイロン島（スリランカ）にいた不老不死の龍智に、若き天才の不空が会いにいくわけだが、残念ながらそのくわしい経緯は伝わっていない。さぞ劇的な出会いであったろうと想像するのみである。

マルチリンガルの大天才、第六祖・不空

不空のインド留学は3年におよび、その後は唐に戻って、密教の第六祖として大活躍をする。

その最たるものは、玄宗の悪政から起こった反乱、**安禄山《あんろくざん》の乱を呪力で抑えた**ことである。

それまで圧倒的に不利だった皇帝軍が、不空が祈禱をはじめると、とたんに形勢が逆転しはじめた。

反乱軍を率いる安禄山は、突然目が見えなくなり、次いで身体じゅうに疽《そ》（悪性のできもの）ができた。そして精神を病み、暴れ狂うようになって、自分の息子に殺害されたのである。やがて、反乱軍は自爆状態で瓦解《がかい》していった。

その後も不空は、幾度もの国難を調伏《ちょうぶく》祈禱の呪力によってしりぞけた。当然、名声は高まる一方で、まさに国家鎮護の英雄としてスーパースターのような扱いとなったのである。

3代の皇帝に仕えた不空は、おびただしい数の漢訳経典を遺《のこ》し、774年に没する。**不空の命日は陰暦の6月15日だが、奇《く》しくもこの日、日本で空海が生まれている。空海が不空の生まれ変わりではないか**と囁《ささや》かれるゆえんである。

胎蔵界の密教を伝えた善無畏と一行

ここで、第七祖の恵果についてふれる前に、「伝持の八祖」のほうに入っている善無畏と一行についても簡単に記しておこう。

善無畏（インド名**シュバカラシンハ**）は、なんと釈迦の叔父（甘露飯王《かんろぼんのう》）の末裔《まつえい》に当たる。つまり、シャーキャ族の王家の血筋である。

637年生まれだから、金剛智より30歳ほど上だ。

幼いころから聡明で、13歳のときにウドラ国（マガダ国とも）の王となったが、兄たちに妬《ねた》まれ反乱を起こされた。善無畏は軍を率いてたちまちこれを討ち破ったのだが、兄たちを処刑することなく許し、王位を譲って、みずからは出家した。

そして、諸国を巡礼しながらたどり着いたのがナーランダ大僧院だった。ここで善無畏を待っていたのが、不死身の人、800歳の龍智だったのだ。

ひれ伏し拝礼して、すぐに弟子入りすると、龍智は善無畏にあらゆる真言と秘印を授け、「汝《なんじ》は震《しん》旦《たん》（中国）に縁がある。すぐに行け」と告げるのだった。

金剛智や不空よりも少し早く、716年に長安（現・西安《シーアン》）に入

釈迦の叔父の末裔に当たる善無畏。
重要経典を次々と漢訳した

った善無畏は、そこで龍智より授かった**『大日経』や『虚空蔵求聞持法《こくうぞうぐもんじほう》』などの重要経典を漢訳し、胎蔵界系の密教を伝えた**のだった。

ここで、ようやく中国人の僧が登場する。

その善無畏に弟子入りした、**一行**である。

一行は、俗名を張遂《ちょうすい》という。もともとは天文暦学や陰陽《いんよう》五行、占術の研究家であったが、出家して禅僧となった。

ちょうど善無畏・金剛智・不空などのインドの高僧が入唐したころに長安にやってきた一行は、彼らのすさまじい法力に驚嘆し、とりわけ善無畏のやさしい人柄にほれ込んで、経典の漢訳に協力した。

一行の業績は**『大日経』の解説書（『大日経疏《しょ》』）を残した**ことのほか、天文の知識を生かして**密教占星術（宿曜道《しゅくようどう》）の経典類を整理作成した**ことにある。

第七祖　中国の高僧・恵果と空海の「運命的な出会い」

長いこと密教伝来の旅におつき合いいただいたが（お疲れさまでした！）、ようやく、その壮大な旅も大団円を迎えつつある。

第七祖の恵果は746年に、長安の郊外で生まれた。密教の祖師としては、一行とともに2人目の漢人である。

9歳のときに出家した恵果は、晩年の不空に会っている。そのとき不空は、

「この児《こ》は、密教のための器だ！　必ずや法を隆盛させることになる」

そう言って、正統後継者を見つけた喜びにむせび泣いたという。

恵果は20歳のときに剃髪《ていはつ》し、正式に不空から胎蔵界と金剛界の大法を授けられた。さらにその2年後、善無畏の弟子から胎蔵法のほか、諸尊の修法を学んでいる。

おそらくはこの恵果の時点で、後世に伝えるべき純粋な密教の方法論が完成したと考えられている。以後は、皇帝の病を加持《かじ》祈禱で治したりして、唐の仏教界の中心的存在として活躍し、多くの門弟を育てた。

しかし、恵果は、周りからは不可解な人だと思われていた。

仏典の知識をきわめていたはずなのに、なぜか経典の翻訳も著作も1冊も残してい

第七祖・恵果の前に彗星のごとく現れた空海。
密教の法灯は日本へ受け継がれた——

ないのだ。

また、1000人もの弟子たちがいたのに、決して後継者を決めようとはしなかった。このままだと密教の法灯が絶えてしまうのに、である。

しかし、病を得て死の影に襲われつつあった恵果の前に、日本からの留学生《るがくしょう》として空海が現れる。

空海をひと目見ただけで、恵果は言った。

「わが命は尽きようとしている。そなたを長いあいだずっと待っていた」

そして、高弟たちが止めるのも聞かず、この無名の留学生にすべての法を多数の経典や曼荼羅とともに授けたのである。

密教のすべてを習得した空海が日本へ旅立つと、恵果は安心したように、その3カ月後に息を引きとった。

さらに約40年後、中国では仏教そのものが皇帝の大弾圧にあって衰亡し、密教も徐々に消滅していった。

一方、空海によってもたらされた密教は日本に確実に根づき、今もその法灯を継承しつづけている。

きっと、恵果にはその未来が見えていたのである——。

コラム

密教僧のことをなぜ「阿闍梨」というのか

密教僧のことを**「阿闍梨《あじゃり》」**と称する。だから、阿闍梨といったら、少なくとも禅宗や浄土系のお坊さんではないことになる。この名称は、古代インドで、弟子に教える師僧のことをアーチャリヤと呼んでいたことによる。

そして、ものすごい修行を達成したり、大きな功績があったりした僧には、「大《だい》阿闍梨（伝燈《でんとう》大阿闍梨）」という位が与えられるようだ。

それとは別に、密教僧には寺内での階級がある。宗派によって異なるが、おおむね次のような序列となっている。

***僧正《そうじょう》**（大《だい》僧正・権《ごん》大僧正・中僧正・権中僧正・少僧正・権少僧正）

＊**僧都**《そうず》（大《だい》僧都・権《ごん》大僧都・中僧都・権中僧都・少僧都・権少僧都）
＊**律師**《りっし》（大《だい》律師・律師・権《ごん》律師）

つまりこの例では、大僧正がいちばんエラくて、権律師がいちばん下ということだ。これは会社でいう、部長・課長・係長のようなものだと思えばいい。権がつくと、それぞれの副○長のような感じだろうか。

また、大本山や総本山などのクラスの大寺院では、社長に当たるトップの僧侶は、それぞれ呼称が決まっている。

＊座主《ざす》……比叡山《ひえいざん》・高野山《こうやさん》・醍醐寺《だいごじ》・根来寺《ねごろじ》などのトップの僧
＊長者《ちょうじゃ》……東寺《とうじ》のトップの僧
＊長吏《ちょうり》……三井寺《みいでら》（園城寺《おんじょうじ》）・勧修寺《かじゅうじ》のトップの僧
＊化主《けしゅ》……長谷寺《はせでら》・智積院《ちしゃくいん》のトップの僧
＊門跡《もんぜき》……仁和寺《にんなじ》・大覚寺《だいかくじ》・三千院《さんぜんいん》などの皇室系寺院のトップの僧

『西遊記』で有名な玄奘三蔵

実は、この章に登場した真言の祖師たちにもそれぞれ尊称があって、次のように呼ばれている。

龍樹菩薩・龍智菩薩・金剛智三蔵・不空三蔵・善無畏三蔵・一行禅師《ぜんじ》・恵果阿闍梨。

最初の2人は、もはや仏に近い存在ということで「菩薩」。

次の3人は、すべての聖典（律蔵・経蔵・論蔵）をマスターした僧という意味の「三蔵」。

一行は、禅宗で得度《とくど》したので「禅師」。

恵果は、三蔵でもよさそうなものだが、なぜかふつうの「阿闍梨」だ。

このうち、三蔵という尊称は中国の政庁から与えられたもので、いわゆる**三蔵法師**のこと。『西遊記《さいゆうき》』で有名な玄奘三蔵もそうだ。

ちなみに、日本人にもただひとり三蔵法師がいる。空海や最澄《さいちょう》とともに遣唐使船で唐にわたり、そのまま彼《か》の地で没した**霊仙三蔵**《りょうせん》である。

あまりに優秀だったために皇帝に帰国を禁じられ、鎮護国家の大秘法が国外に流出することを恐れた何者かに殺害されたとみられているが、定かではない。

2章

空海──密教の超人にまつわる10の謎

……時代を疾走した〝不死の大天才〟の秘密に迫る！

膨大な伝説に彩られた「空海の生涯」とは

追究するほど〝ミステリアスな霧〟に包まれる超人僧

真言《しんごん》密教の祖師たちの話を、長々と前章で紹介した。

時空を超えた場所での大日如来《だいにちにょらい》の説法から、超人的な僧たちの冒険譚《たん》、唐の国での布教、そして空海《くうかい》へと劇的に秘密のバトンがわたされていく――。

実に壮大かつ奇想天外なドラマだと思われただろうが、実は**これらの物語を語り伝えたのは、当の空海本人**なのである。

『秘密曼荼羅教付法伝《ひみつまんだらきょうふほうでん》』という空海が著《あらわ》した書物こそが、これらの伝説を最初に紹介したもので、もちろんネタ元になったなんらかの古記録はあったのだろうが、最終的には空海の演出と編集で味つけされていることは疑いない。
つまり、この**「密教はじめて物語」は空海自身による究極の〝自作自演〟**なのかもしれないのだ。

空海とは、かくも饒舌《じょうぜつ》であり、また、どこまでが真実で、どこからが演出なのかがわからない、得体の知れなさがある宗教家だった。

「弘法大師像」（西新井大師蔵）。
「密教伝来」に秘められた物語とは？

仏教のなかで顕教《けんぎょう》の場合、禅宗は「修行の意味など自分で考えろ」と多くを語らずに突き放す宗派であり、念仏《ねんぶつ》宗や法華《ほっけ》宗は「ひたすらに念仏や題目をとなえろ」と、シンプルな一点突破を目指す宗派が多い。

ところが密教というのは、それらとはまったく逆で、非常に饒舌で装飾過多であると言える。

複雑怪奇で何重構造にもなっている教義、古代インドの神々まで引っぱり込んで構成される神秘的な仏尊たちの曼荼羅、精密きわまりない瞑想の体系、おびただしい数の真言や印などなど、どこまで学んでもキリがないかのような〝てんこ盛り〟の仏教――それが密教だった。

それは、空海その人が、まさに饒舌で幻惑的で多面的で、とてつもなくスケールの大きな人物だったからであろう。

そう、空海には、追究していけばいくほどミステリアスな霧に包まれて、ともすると深い森の中に迷い込んでしまうかのように、どんどん正体がわからなくなっていく側面があるのだ。

学芸百般に通じ、さまざまな奇瑞を示した人

ともあれ、本章では、そんな空海の人物像をできるだけわかりやすく解析するために、**「謎」というアプローチ**から迫ってみたいと思う。実在が確実視されている日本

葛飾北斎が描いた「弘法大師修法図」（西新井大師蔵）。
左の鬼は病気や災厄、右の犬は弱さの象徴であるという

の仏教祖師のなかで、空海は最も謎めいた存在と言っていいからだ。

実は、空海の伝記については、非常に多くの研究がなされてはいるものの、まだまだわからないことだらけなのである。

空海の生涯を記した文献は、650以上におよんでいるが、そのうちで歴史的に信頼できるものは19件ほどだと言われる。

そのなかには、空海がみずからのことを語っている文献もあるが、これがまた大風呂敷なのかそうでないのか、よくわからない記述に満ちているのだ。

とにかく、全部が歴史的真実とは限らないのが、空海のおもしろいところでもある。

没後に弟子たちが作成した伝記類にも、現実的にあり得ない記述が出てきたりして、信用して読んでいると、すごい落とし穴があったりする。

さらに、日本各地に伝わっている膨大な「弘法大師《こうぼうだいし》」の伝説類にいたっては、まるで物語の自動増殖システムのようで、手のつけようがない有様だ。

はっきり言って、これはかなりの難物である。

しかし、**空海が学芸百般に通じ、さまざまな奇瑞《きずい》を現した超人的な僧であったことだけは、どうやらまちがいない**ようだ。

以下では、空海の「10の謎」について検証していきたいと思う。

結局、謎は謎なのだが、わからないものは搦《から》め手から攻めてみるというのも、一つの有効な方法論だと思うからである。

空海の「10の謎」を検証する

①出生の謎——実は四国生まれではなかった？

定説では、空海は幼名を「佐伯真魚《さえきまお》」といい、774年に讃岐国《さぬきのくに》（香川県）で生まれたことになっている。

その生誕地とされる場所には現在、真言宗善通寺《ぜんつうじ》派の総本山である善通寺が建っている。寺内には、空海がつかったとされる産湯《うぶゆ》の井戸や、父親の佐伯善通《よしみち》、母親の玉寄御前《たまよりごぜん》の像もあり、熱心な信徒たちが一度は訪れるべき聖地となっている。

今日、これらの事蹟を疑う人はほとんどいないだろう。

だが、江戸時代の前までは、まったくちがう場所が空海の生誕地とされていた。善通寺から北西に5キロほど行った瀬戸内海に面する地にある、海岸寺《かいがんじ》という寺である。

ここは、空海の母親の実家だった場所に建てられた寺で、空海が生まれた当時は夫が妻のもとに通う「妻問《つまど》い婚」が当たり前だったので、当然、出産も母親の実家で行なわれたであろう、というのだ。

近くには、空海が生まれたときの胞衣《えな》（胎盤）を納めたという胞衣塚まである。だから、長らく空海生誕の地は海岸寺とされていたのである。

ところが、父親の佐伯氏の氏寺《うじでら》であった善通寺と訴訟沙汰《そしょうざた》になってしまい、江戸時代はすでに「嫁取り婚」の時代となっていたこともあって、海岸寺は〝本家争い〟に敗れてしまう。それ以降、善通寺が空海の誕生地として確定したのである。

しかし、その両者ともちがう、それどころか、空海は四国の出身ですらない、とする説も近年では出てきている。

実は、善通寺の寺名の由来となった父親の名前も、母親の名前も、古い文献には記されていない。ただ「父は佐伯直田公《あたいたぎみ》、母は阿刀《あと》氏の女《むすめ》」とあるのみだ。つまり、両親の名は後世に創作された可能性があるというのだ。

そして驚くことに、母方のほうの阿刀氏については、そもそも讃岐にいた形跡が見られないという。阿刀氏とは、古代の物部《もののべ》氏の血を引く、畿内《きない》（現在の京都・大阪・奈良地方）の一族だったからだ。

つまり、平安時代の「妻問い婚」の習俗を考えたとき、空海の生誕地は畿内のどこかである可能性が浮上するというのである。

このように、空海の確実な出生地はわかっていない。

出生地不明の最大の理由は、あれだけ饒舌な空海が、なぜか自分の出自や幼少時のことをまったく語っていないからなのだ。

②空白の7年の謎――「若き日の修行時代」に何をしていたのか？

空海の少年時代についてはほとんどわかっていないが、空海自身が語るところによれば、15歳のときに母方の伯父について勉学をはじめ、18歳のときに都の大学（官吏《かんり》

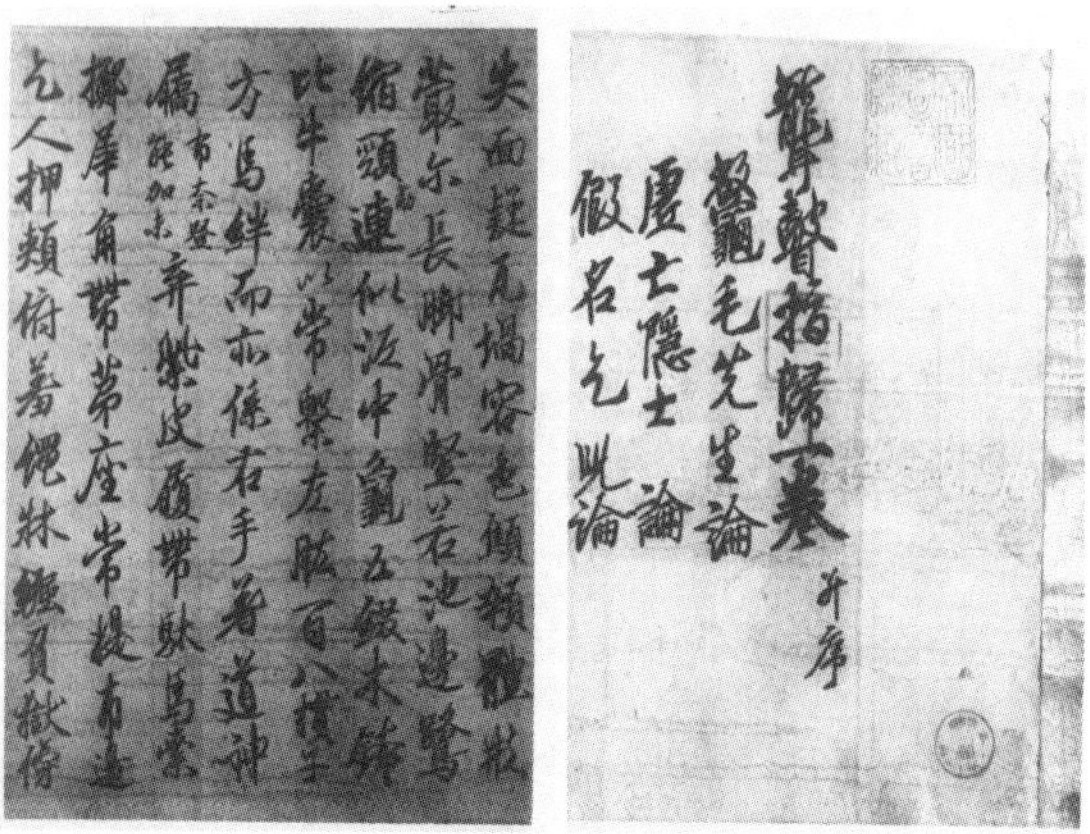

国宝『聾瞽指帰』。空海24歳時の衝撃のデビュー作

養成のための大学寮）に入ったという。

そして、24歳のとき、**『聾瞽指帰《ろうこしいき》』**（この書を序文とし補訂改題したものが**『三教指帰《さんごうしいき》』**）という衝撃のデビュー作を書き上げる。

これは、儒教・道教・仏教をそれぞれ象徴する奇妙な人物たちが、おたがいに優劣を競って論争し合うというユニークな内容のもので、まさに空海の底知れぬ才気を感じさせる作品といえる。

そしてその後、31歳のときに唐への留学生《るがくしょう》となるわけだが、この24歳から31歳のあいだの7年間については、まったく史料がない。

これを、**空海の「空白の7年」**と称して、今にいたるまで、実にさまざまな推理と憶測がなされているのだ。

もちろん、この空白の時期をたんに若き日の修行時代とみなす意見が多いわけだが、それにしても、理解できないことがある。

当時まったく無名であったはずの空海が、なぜ、いきなり国を代表する遣唐使の一員に加われたのか、ということだ。

いったい、この7年間に何があったというのか？

とにかく、よほどのことが、空海の身に起こっていたにちがいない。

そして最終的に、**無名の一青年が何か途方もない力を発揮したために、国は驚いて唐への派遣を認めざるを得なかった**、と考えるしかない。

空海は唐にわたる前に、すでに唐の言葉を完全にマスターしていたという。ということは、この空白の時代に漢語も習得していたことになる。

密教の存在も当然知っていたはずだ。でなければ、まっすぐに長安の都、つまり密教の第七祖・恵果《けいか》のもとに向かうわけがないし、わざわざ危険を冒《おか》してまで唐にわた

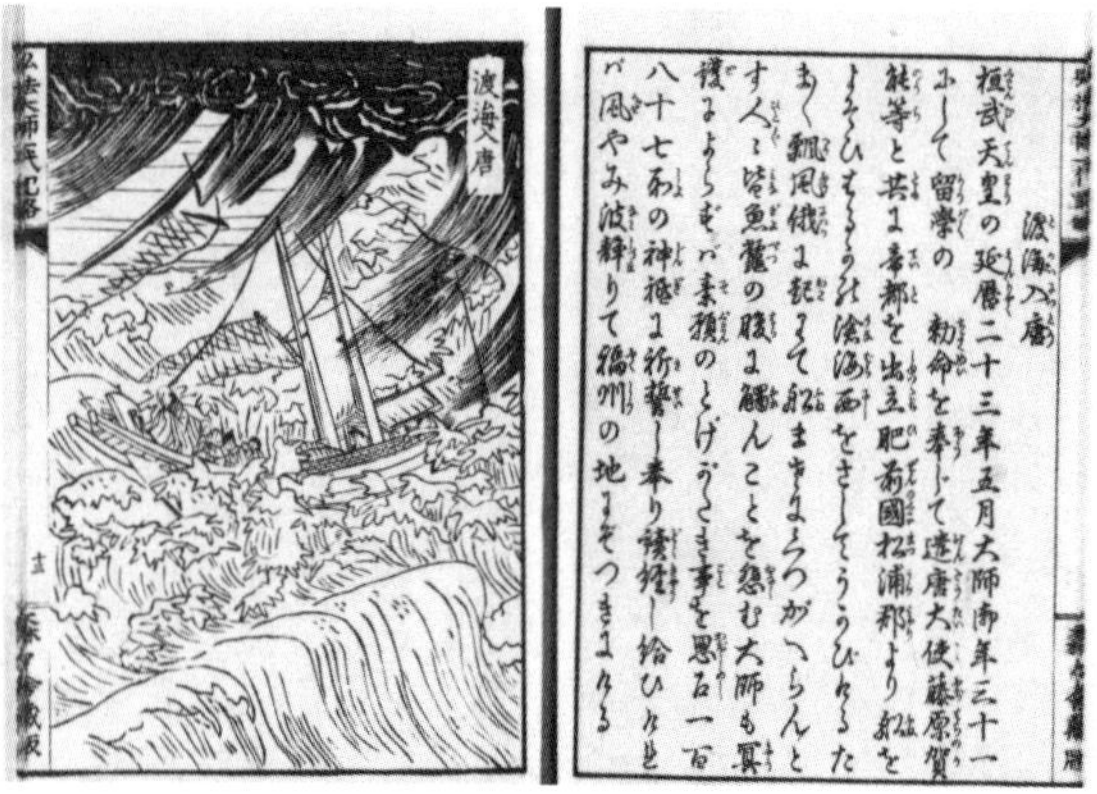

留学生として遣唐使船に乗り込んだ空海。
当時の遣唐使は〝死を覚悟しての任務〟だった

ろうとはしなかっただろう。

当時の遣唐使は、死を覚悟しての任務だった。実際、そのときの遣唐使船4隻のうち2隻（第三・第四船）は難破して、唐にたどり着いたのは2隻だけだった（空海は第一船だった）。

しかし、これはいったい、どういうことなのか？

逆に、すべては〝計画的に〟仕組まれていた、という見方もできる。

恵果は、師匠の不空《ふくう》が死んだ日に、その生まれ変わりが日本にいることがすぐにわかったという。第1章で書いたように、空海は不空の死んだ日に生まれているのだ。

だから、恵果はひたすら不空の転生者が訪ねてくるのを待ちつづけていた。

そして、空海を密《ひそ》かにサポートする者たちがいて、彼に漢語を教え、使命を伝え、遣唐使に参加できるように陰から協力していたのではないか、と。

そんなうがった見方をしてみたくなるほど、空海の渡唐と密教の継承は、奇跡的であり、〝できすぎ〟なのである。

いずれにせよ、「空白の7年」の謎を解かない限り、空海が唐にわたって密教の継承者となれた「真の理由」はわからないのである。

③膨大な資金の謎——バックアップしていたのは誰なのか？

わからないといえば、空海の渡航資金の出どころについても、まったくわかっていない。

たとえば、同じ遣唐使として唐にわたった**最澄**《さいちょう》（最澄は第二船に乗船）については、明白である。

空海よりも7歳上だった最澄は、当時すでに、宮中に入ることを許されたほどの高僧であり、遣唐使としての待遇も**「還学生《げんがくしょう》」**という最高クラスのものだった。

この還学生は、留学期間は1年間のみで、専属の通訳つき。しかも、なんと渡航費用は全額、朝廷がもってくれる。言ってみれば、政府高官の豪華視察旅行のようなものだ。

ところが、空海はといえば、ほとんど山から出てきたばかりの風来坊で、その立場は**「留学生」**。留学期間は20年を義務づけられ、費用はすべて自己負担である。もちろん通訳などつくわけがない。

しかも、その自己負担の留学費というのが、また謎なのだ。

当時の渡航費・滞在費をざっと計算すると、豪華な邸宅を何軒も建てられるほどの金額であり、とても一介の民間僧が用意できるものではなかったはずだ。

では、そうした資金はいったいどこから出たのか？

これはあくまで推論だが、その費用は「山の民」から出ていたのではないだろうか。

つまり、空海は山中で修行をしているときに、彼らと交流をもった。そして、その援助を受けるまでの関係になっていたのではないか、ということである。

彼ら「山の民」は、朝廷の支配のおよばない領域に住む者たち（化外《けがい》の民）で、そこには、鉱山技術者たちも多く含まれていた。鉱石の採掘や金属製錬作業、そして武器や貨幣の鋳造《ちゅうぞう》まで行なっていたのである。

奈良・東大寺の大仏は国家予算の3倍もの費用をつぎ込んで完成されたというが、造立に使用された銅や金、水銀などは、途方もない量にのぼる。この際、膨大な利益が山の民にもたらされたともいわれている。

正規の歴史には登場してこない、そうした勢力こそが、空海の資金源となっていたのではないだろうか。それは、後述する高野山《こうやさん》の秘密ともつながってくるのである。

④天才性の謎――マルチな能力の秘密は？

いずれにしても空海は渡唐して、密教の継承者である恵果から、すべての秘密の教えを伝授されることになった。

それも、**1000人もいた弟子たちをごぼう抜きにして**、である。

長いこと恵果のもとで修行してきた中国の高弟たちにとっては、たまったものではなかったろう。

だが、それもまた、空海があまりに天才的だったことによるものだ。

なにしろ、空海は日本人なのに流暢《りゅうちょう》に唐の言葉を話すし、**梵語**《ぼんご》（インドのサンスクリット語）もすぐに習得してしまい、さらに、ほかの人が20年以上かけて学ぶ大量の経典群を、あっという間に覚えてしまったのだから。


しかし、彼はいつどのようにして、そのような驚異的な能力を獲得したのだろうか。

そのヒントは、やはり「空白の7年」にある。

そのころ、空海が名もなき修行僧から教わったという、**虚空蔵**《こくうぞう》**求聞持法**《ぐもんじほう》だ。

これは、虚空蔵菩薩《ぼさつ》の真言を100万回唱えるという過酷な行法で、そのあいだは誰とも会ってはならず、口をきいてもいけない。しかも、五穀断ちして、必ず最後まで唱えきらなければならない。

なにしろ、1日1万回で100日間、2万回でも50日かかるのである。途中で放棄した者は発狂するともいわれ、まさに命がけの荒行だ。

だが、これを**達成すると、超人的な記憶力を得る**ことができるとされており、**すべ**

谷響きを惜しまず、明星来影す——
空海が〝超絶的な能力〟を会得したという御厨人窟

ての経典を読破したのと同量の智慧がつくともいう。

空海は、それを高知の室戸岬《むろとみさき》の洞窟（御厨人窟《みくろど》）で行なっていた。

そしてある日、ついに最後の1回を唱えきる。そのとき、奇跡が起こった。

「谷響《たにひび》きを惜しまず、明星来影《みょうじょうらいよう》す」

洞窟全体が轟音《ごうおん》につつまれ、巨大なまばゆい光体が眼前に出現したというのだ。

これは、実際にそのような現象が起こったというよりも、あまりにすさまじいパワーが身に宿ったために、空海自身の聴覚や視覚に、とてつもない衝撃が走ったことを意味しているのではないだろうか。

ある意味この修行は、究極の状況に身を置くことによって、精神と身体に強烈な負荷をかけ、心身そのものを変容させるものだったと言えよう。

空海はこのとき以来、まったく人が変わってしまったとされるが、この求聞持法によって、大脳になんらかの変容が起きたのかもしれない。

アインシュタインの脳を死後に調べてみたら、記憶と学習をつかさどる部分が、ふつうの人よりも15パーセントも多かったらしいが、もしかしたらそれ以上のことが空海の脳に起こっていたのかもしれないのだ。

⑤超能力の謎――「驚異的な霊力」の源泉とは?

すでに書いたように、密教は超能力獲得のための宗教であると言っていい。

前項に書いた虚空蔵求聞持法も、まさに常識ではとても考えられないような力の獲得のために、編み出されたものの一つと言える。

だから当然、密教をきわめた空海が、超能力者でないはずがない。

では、空海はどのようなことができたというのだろう。ここで、**空海が起こした有**

名な奇跡のいくつかを紹介してみたい。

唐への留学期間は20年のはずだったが、空海は、たった2年弱で帰国を決意する。すでに学ぶべきものをすべて学んでしまったからである。

806年8月、長安を出発して明州《めいしゅう》の港に立った空海は、なんと師匠の恵果から授かった**「八祖相伝の三鈷《さんこ》杵《しょ》」**を日本の方角に向けて放り投げた。

誰もが、空海はその密教法具を海に投げ捨てたと思って、驚いた。これは、代々の正統後継者だけが持つことを許された大切な宝物だったからである。

ところが、その三鈷杵は落下することなく、まるで羽が生えたかのようにスーッと彼方に飛んでいって、雲の中に消えてしまった。

そして10年後、日本の高野山でこの三鈷杵が松の木にかかっているのが発見さ

恵果から授かった三鈷杵を
日本の方角へ投げる空海

れる。海を越えて、ここまで飛んできたというのである。

この**奇跡の三鈷杵は実在し、今も高野山に秘宝として所蔵**されている。

さて、帰国してまず九州に上陸し、大宰府《だざいふ》で3年近くすごして京の都に帰った空海は、すぐに宮中に呼ばれることになる。

それは、嵯峨《さが》天皇の前で、他宗派の僧たちと論争するためだった。

集められたのは、奈良（南都）仏教の名だたる高僧ばかりである。

他宗の僧はみな口をそろえて、「悟りを得る（仏となる）ためには、何度も生まれ変わって、はてしなく長い年月の修行を重ねる必要がある」と言う。

だが、空海は**「とんでもない、密教では今すぐにでも成仏《じょうぶつ》できる」**と言って、印を結び真言を唱えて、心を仏の境地に同調させた。

すると、天皇と居並ぶ高僧たちの前で、空海の身体は強力な黄金の光を発しはじめ、その姿はみるみる金色の大日如来と化していったのである。

高僧たちは驚いて合掌し、仏の姿となった空海にひれ伏したという。

空海が請雨の修法を行ない、天竺の龍王を呼び寄せた地、神泉苑

823年、全国が大旱魃《かんばつ》に見舞われて、作物ができず、餓死者が続出した。

天皇は、東寺《とうじ》と西寺《さいじ》に、雨乞いの祈禱をするよう命じた。当時、羅城門《らじょうもん》の左右に位置するこの二寺は、都を守護するための双翼の大寺院だった。

最初に西寺の高僧が祈禱すると、雨が降ることは降ったが都のエリアにチョロッとだけで、全国の死者の数は減るどころか増えてしまった。

次に東寺の空海が祈禱を行なった。すると、一天にわかにかき曇り、たいへんな豪雨となった。

空海はこのとき、天竺《てんじく》の龍王を呼び出す密教修法《しゅほう》を行ない、みごと全国に3日間にわたってうるおいの雨を降らせたのである。

このように書いていくとキリがない。おそらく、おもなものをざっと並べただけでも、空海が現した奇瑞は100を超えるだろう。

これらの霊力というか超常的な現象をもたらすパワーの源はなんだろう。それはやはり、秘儀と修法による〝心身の変容〟に尽きると言っていいのではないだろうか。

⑥高野山と水銀の謎——山中で人知れず「煉丹術」を実践？

空海が開いた**高野山**といえば、今や世界遺産にも登録され世界的な観光地となったが、本来は恐山《おそれざん》や比叡山《ひえいざん》とともに日本三大霊場ともいわれるほどの場所である。

だが、その三霊場のなかでも、最も謎めいた場所が高野山だろう。

いったいなぜ空海は、このような都からも遠く離れた、何もない深山にこだわったのだろうか？　ライバルの最澄が開いた比叡山が都のすぐ近くだったことを考えると、まったく不可解な話ではないか。

前項で、空海が中国から投げた三鈷杵が、この高野山の松の枝に引っかかっていたと書いた。そのような因縁の地だから、自分の隠居の場所に選んだということなのか。

そもそも、空海が入る以前、この山は**丹生都比売**《にうつひめ》**という姫神**が祀られた聖域で、その神領を空海が譲ってもらったのだという。

ニウツヒメという神名を知っている人は少ないだろうが、これは「丹生の姫」という意味だ。丹生とは「丹を産する」という意で、丹は水銀を意味する古語である。すなわち、**「水銀の女神」**ということになる。

なぜ、そのような不思議な名前の神が祀られているのか。

実は、高野山は全山が巨大な水銀鉱床の上にある。そして、その水銀を採掘していたのが丹生一族で、はるかな古代から莫大な利益を得ていたといわれる。

空海は、その丹生一族から高野山を譲り受けたにちがいない。

水銀は、金の精錬や鍍金《ときん》（メッキ）の際に必要で、奈良の大仏の造立に当たっては、金9トンに対して50トンもの水銀が使用されたという。現代の日本において、全国の蛍光灯に使用されている水銀は年間で5トンというから、大仏の造立にはとてつもない量の水銀が使用されたことがわかるだろう。

先に、空海の唐への渡航資金の謎について「山の民」から提供を受けていたのではないか、と書いたが、まさにこの、オモテの歴史には登場してこない**丹生一族こそが、空海のスポンサーだった**とは考えられないだろうか。

そして、古代の水銀にはほかにも用途があった。

中国では、自然産出の水銀は辰砂《しんしゃ》と呼ばれ、薬（鎮静剤・催眠剤）として用いられたほか、道教の煉丹術《れんたんじゅつ》において不老不死の仙薬の原料ともされていた。

実際、秦《しん》の始皇帝や前漢の武帝は、道士たちに仙薬づくりを命じていたし、唐代の皇帝21人のうちの6人は、そうした仙薬を服用して水銀中毒になっていたという説もある。

ちょうど空海がいたころの長安でも、道教の煉丹術は流行していたはずで、あらゆるものを貪欲《どんよく》に取り込む空海が、これに注目しなかったはずはない。

だとすると、空海が高野山を求めた真の理由とはなんだったのだろう――？

⑦聖地の緯度の謎――「空海ゆかりの地」は一直線に並んでいる？

その高野山を含む空海の聖地に関して、非常に興味深い〝事実〟を今から35年前に発見した人物がいる。

当時、香川県の高松工芸高校の教員だった笠井則男氏だ。

笠井氏は、**伊勢神宮と同じ緯度（北緯34度32分）には、なぜか皇室と関わりのある古墳や寺社が多数存在している**、ということに着目した。

これはどうやら、古墳時代の日置部《ひおきべ》（「ひきべ」「へきべ」とも）という民が、太陽の影を計測してかなり正確な緯度を割り出した聖地のラインであるらしい。つまり、伊勢神宮の方角から日光が射してくる東西の道、いわば「太陽の道」だ。

そこで、地元の香川県でもそのような聖地ラインがないかどうか、笠井氏が生徒たちと調べているうちに、地図を見ていて気づいたのである。

なんと、**善通寺（空海の生誕地）・青龍寺《しょうりゅうじ》（中国・長安で空海が密教を授かった寺）・高野山（空海の墓所）という3つの聖地が、すべて「北緯34度13分」で一直線**

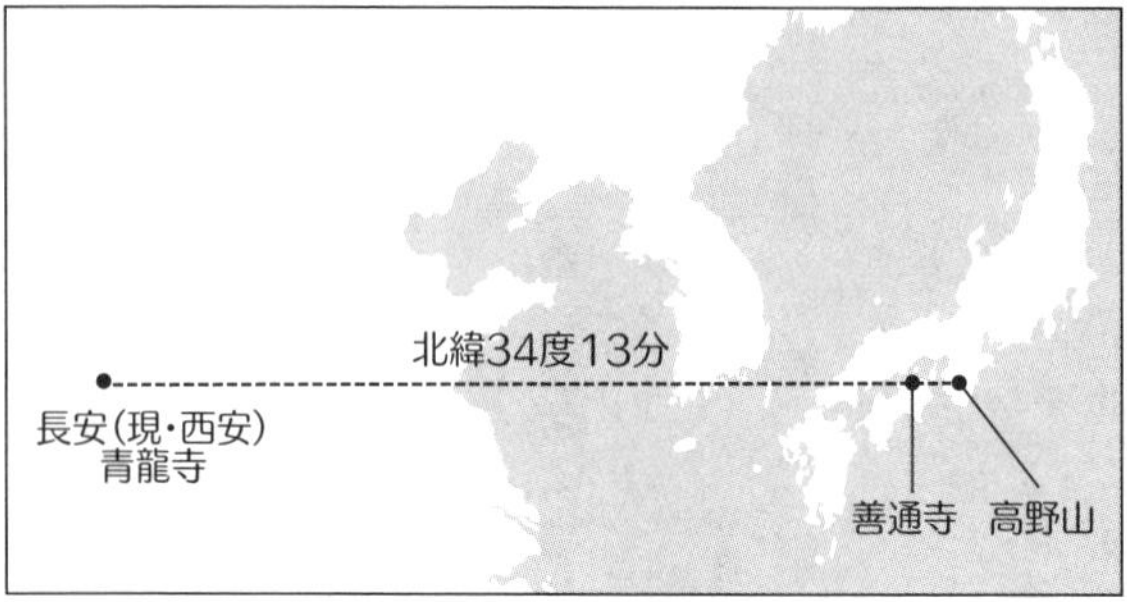

「北緯34度13分」に一直線上に並ぶ
空海に関係する3つの聖地

上に並んでいたのだ！

これははたして、ただの偶然の一致なのか？

ともあれ、笠井氏と生徒らがこの発見を１９８４年に『古代香川の謎を解く』という小冊子として発表するや、これが地元紙に紹介されて大反響を巻き起こし、なんとＮＨＫ教育テレビの番組にまでなったのである。

笠井氏は、そこで一つの驚くべき仮説を立てる。

つまり、**空海は古代の「太陽の道」に気づいていて、長安の青龍寺を起点とする東方の延長線上に、善通寺や高野山を配置したのではないか**、ということだ。

それにしても、なぜ空海は同じ緯度にこだわったのか。これについては、笠井氏は巨大な金剛界《こんごうかい》曼荼羅をこの世に出現させようとしたからだ、と考える。

金剛界曼荼羅では、東西南北と中央に五仏を配している。中央が大日如来、西方が阿弥陀《あみだ》如来、東方が阿閦《あしゅく》如来、南方が宝生《ほうしょう》如来、北方が不空成就《ふくうじょうじゅ》如来だ。そして、

青龍寺を西方の阿弥陀如来の地に（つまり極楽浄土だ）

善通寺を中央の大日如来の地に（つまり自分は大日如来そのものである、と）

高野山を東方の阿閦如来の地に（東方は日本、阿閦は未来仏である）

このように空海は〝見立てた〟のではないか、というのである。すなわちこれは、密教的なシステムづくりだったとも考えることができるわけだ。わかりにくければ、密教的な演出、意味づけと言ってもいい。

　密教ではこのように〝見立て〟を重視する。それを曼荼羅なり本尊なりに当てはめ、魔術的な結界（修法によって区切られた場所）やシステムをつくるためだ。

　要するに、大日如来の正統を継ぐ運命をもって生まれてきた自分（空海）が、極楽浄土のような仏の国からすばらしい教えを

金剛界曼荼羅の「見立て」

		北		
西	青龍寺（阿弥陀如来）	善通寺（大日如来）	高野山（阿閦如来）	東
		南		

請来《しょうらい》し、それを広める拠点となるのが日本の高野山だと〝見立て〟たのではないか、というのである。

⑧即身成仏の謎――最澄と〝絶交〟したのはなぜか？

さて、ここでふたたび空海の生涯の話に戻ろう。

日本に帰国した最澄と空海は、ともに朝廷に仕え、それぞれ天台《てんだい》宗と真言宗を開いて、多くの寺や修行場を設け、たくさんの門弟を得た。

先に帰国したのは最澄だったが、彼は文化の最先端の地である長安に行かなかったため、最新の密教の教えを学ぶことができなかった。

そこで、年下の、しかも圧倒的に格下の空海に、頭を下げて教えを請《こ》わねばならなかった。これはエリートの最澄にとっては、屈辱以外の何ものでもなかっただろう。

それでも、あえてそれを飲み込んで空海に弟子入りし、なんとか正統な密教を学ぼうとしたのは、最澄が非常にマジメな求道者《ぐどうしゃ》だったからだ。

だが、自分の弟子や比叡山のことも監督しなければならない立場の最澄には、時間も精神的な余裕もなかった。そこでしかたなく、貴重な経典類を貸してほしいと空海に頼み込むようになってしまった。

最初は気前よく貸していた空海も、だんだん最澄自身が訪ねてこないで弟子を使いによこすようになると、やはり気分はよくなかったのだろう。

あるとき、『理趣釈経《りしゅしゃくきょう》』という経典を借りたいという最澄の申し出を空海は断る。

「言葉だけで学ぼうとする貴殿のような姿勢では、とうてい密教の真髄は学べまい」

という厳しい内容の手紙を送りつけたのである。

しかも、最澄が自分の後継者と考えていた愛弟子の泰範《たいはん》が、空海のもとに走ってしまうという事件まで起こり、ここに両者の関係は決定的な破局を迎える。

以上のようなことが、多くの空海本や密教本には必ずと言っていいほど書かれている。だが逆に言えば、それ以上のことはふれられていないのだ。

なぜ、空海は最澄を拒絶したのか？　実はこのエピソードには、顕教と密教のちがい以上の、**大乗仏教と密教との思ったよりも深いミゾ**が示されているような気がしてならない。

最澄が学んだ天台教学は、どこまでも釈迦《しやか》の仏教であり、ストイックに修行に没頭することによって成仏や救済を目指すものであった。

ところが、密教はもはや釈迦の仏教ではない。それまでの仏教が否定していたものをも取り込んで、この世で超人になろうとする方法論だ。

空海の考える「即身成仏《そくしんじようぶつ》」とは、言ってみれば、大宇宙と一体化することであり、その神秘体験の衝撃を、身をもって体験することにある。

おそらく最澄には、そのことがどうしても理解できなかったのだろう。いや、理解したくなかったのかもしれない。だから、密教を知識としてのみ学んで、天台教学のなかに取り込もうとした。

そして空海は、そんな最澄の生き方をおそらく痛いほどわかりつつ、拒絶するしかなかったのではないだろうか。

⑨死をめぐる謎――死因の噂とは？ 空海は今も生きている？

さて、**空海は62歳で高野山において〝入定《にゆうじよう》〟**したという。

高野山奥之院では、空海に朝夕の食事が運ばれている

一般的に言えば死去したのであるが、真言宗ではそのような表現はせず、「弘法大師は〝定《じょう》〟に入りました。今も入っておられます」と表現するのだ。

定というのは、禅と同じで「瞑想」という意味だ。

要するに、空海は高野山奥之院の霊廟《れいびょう》の中で、今も死ぬことなく、座したまま深い瞑想に入っていると信じられているわけだ。だから、現在も毎日、朝夕2度の食事が奥之院に運ばれているし、年に1度、新しい衣が新調され、空海に捧げられつづけているのだ。

常識的に考えれば、1200年前の人間が今も生きているわけがない。ということは、ここには何か密教的な意味づけがなされている、と考えたほうがいい。

では、空海の死には、いったいどのような意味が秘められているというのだろうか。

ある史料によれば、空海は晩年、顔面に癰《よう》（悪性のできもの）ができて苦しんだという。ひょっとすると、それは水銀中毒ではなかったか。

つまり、空海は高野山で、水銀から不老不死の仙丹《せんたん》をつくって服用していたのではないか、という可能性があるわけだ。

先述したように、空海が道教の煉丹術を知っていた可能性は非常に高い。しかし、もしそうだとしたら、なんのために空海は不老不死を目指したのだろうか。

空海は、正統の密教を弟子たちに授け終わると、**「われは永く山に帰らん」**と言い残して都を去り、高野山に引きこもった。

そして、五穀を断って、みずから死の準備に入ったといわれている。

「遠い未来、56億7000万年後に弥勒菩薩《みろくぼさつ》がこの世に降りてくる。われはそのときまで、高野山の東の峰で禅定《ぜんじょう》に入ることにする。嘆き悲しむことはない。これは始まりであり、終わりではないのだ」

そう言って、目をつぶり、座したまま空海は動かなくなった。弟子たちは師の遺言通り、東の峰の石窟の中に師の身体を納めたという。

それ以来、1200年のあいだ、石窟の扉は固く閉ざされたままだ。

いや、正確に言えば、3度だけ、その扉は開けられたことがある。

1度目は、四十九日の法要のときで、このとき目撃した弟子たちによれば、空海の身体は腐ることもなく、髪やヒゲが伸びていたので整えたという。

2度目は、それから100年後、孫弟子に当たる東寺の観賢《かんげん》という僧が扉を開いた。醍醐《だいご》天皇の夢枕に空海が立ち、新しい衣を大師廟《びょう》に捧げるように、と命じたからだ。

すると、そこには生けるがごとく端座《たんざ》する空海の姿があり、観賢は仰天した。髪とヒゲはひざまで伸びていて、まるで神仙の姿のようであったという。

3度目は、さらに100年ほどのち、最高権力者となった藤原道長《ふじわらのみちなが》が高野山に詣でたとき、どうしても見たいと石窟をのぞき見した。すると、「御髪《おぐし》は青やかで、衣は少し破れていたが、ただ眠っているように見えた」と書き残している。

それ以降の開扉の記録は、まったくない。

封印された石窟の上には大師霊廟が建てられたが、その霊廟の内部がどのようになっているのかさえわからない。そしてもちろん、地下の石窟の中に空海の身体がほんとうに存在するのかどうかも、まったくわからないのだ。

空海は今も瞑想したまま、高野山の奥之院で生きつづけているのか？ これは、日本密教の最大にして最秘奥《さいひおう》の謎なのである。

⑩大師伝説の謎——死後も全国各地に出没していた？

空海がほんとうに死んだのか、死んでいないのか、それは奥之院の扉を開いてみるまではわからない。

これはまさに、量子力学の有名な「シュレディンガーの猫」のたとえと同じで、永遠に決定不可能な命題といえる。

だが、真に不可解なのは、空海の意図である。

ここまでお読みいただいた読者は、すでにうすうす感づかれていることと思うが、どうも空海は〝**自分の死**〟**すらも演出**していたフシがある。

高野山を終焉《しゅうえん》の地に選んだこと（高野山は水銀の山で、三鈷杵が飛んできた奇跡の地で、長安の青龍寺と同緯度だ）。

未来仏である弥勒菩薩の降臨を待つ、と言っていたこと（つまり、世界の終わりの日に空海はふたたび現れるということだ）。

自分が死んではいないかのように見せかけるシステムをつくったこと（奥之院の封印、不死身伝説の流布《るふ》を弟子に命じていた？）。

――これらは、要するに、**自分自身を〝時空を超えた存在〟に祭り上げること**にほかならないではないか。

空海がほんとうにすごいのは、死んだあとの話である。

なにしろ、行っていないはずの場所にまで現れて奇跡を示しはじめたのだから。

日本各地で弘法大師空海は目撃され、ある場所では温泉や霊水を噴き出させ、ある地方では困窮した民を救い、またあるときは極悪人を改心させた。

そうした大師伝説の残る地は、全国に３０００を超えるといわれる。

有名な「四国八十八カ所」の霊場では、**「同行二人《どうぎょうににん》」**と書いた笠をかぶって巡拝するならわしだが、それは「空海と二人で歩いている」という意味だ。そして、その字句通り、巡礼路で「お大師さまを見かけた」「話しかけられた」「助けてもらった」などと主張する目撃者が今もあとを絶たないのだ。

つまり、空海は今もなお〝霊的に〟生きていると言っていいだろう。

死んでも死なず、現在の苦難に寄り添ってくれ、世界の終末に再臨する救世主——どこかで聞いたような話ではないか。

そう、イエス・キリストである。

空海が留学していたころの長安には、すでにキリスト教（景教《けいきょう》＝ネストリウス派）が伝わっていた。だから、空海はイエスの伝説をきっとどこかで聞いて知っていたはずなのである。

つまり、**空海は自分の死をイエスになぞらえて演出し、日本に救世主の信仰システムをつくり上げた**、という見方も成り立ち得るわけだ。

密教は見立てを行ない、これを現実のものに変化させるという。言ってみれば、こ

「四国八十八カ所」の巡礼者のあいだで
「お大師さま」の目撃者は今もあとを絶たない

れは究極の秘儀ではないか。

生きているか死んでいるかなど関係ない次元に、空海は跳躍してみせた。ミロクメシア（救世主）として、未来仏として、永遠のなかに身を投じること。みずからを仏となすことの完成形が、そこにあったのだ。

全国各地に出没し、今もどこかに出現しつづける弘法大師とは、そのような、完全に超人となった空海の姿であり、まさにそれこそが〝即身成仏〟というものの本質だったのではないだろうか。

コラム

空海と「いろは歌」の暗号

現在のひらがな50音が普及する以前、日本では、「いろは四十七文字」で仮名を覚えるのが常識だった。

すなわち、

「いろはにほへと　ちりぬるを　わかよたれそ　つねならむ　うゐのおくやま　けふこえて　あさきゆめみし　ゑひもせす」

というものである。

これは七五調の和歌になっていて、次のように読むことができる。

色は匂へど 散りぬるを（美しく咲き匂う花も、いつかは散るもの）

我が世誰ぞ 常ならむ（私たちの人生もまた、無常ではかないものだ）

有為の奥山 今日越えて（この有為転変たる険しい山を、いまこそ越えて）

浅き夢見じ 酔ひもせず（浅はかな夢など見ず、酔いしれることもやめよう）

なにやら仏教臭のする意味深な内容の歌だが、「有為」というのはそれこそ仏教語で、この世のすべての現象や事物を指す言葉だ。

そのため、一説には『涅槃経《ねはんぎょう》』（釈迦の最後の説法）にある「諸行無常《しょぎょうむじょう》、是生滅法《ぜしょうめっぽう》、生滅滅已《しょうめつめつい》、寂滅為楽《じゃくめついらく》」という有名な仏教のスローガン（「雪山偈《せっせんげ》」）を歌ったものではないかと解釈されてきた。

だからなのか、このいろは歌の作者は、昔から空海だとされてきた。

そもそも作者不詳の歌なのだが、卜部兼方《うらべかねかた》の『釈日本紀《しゃくにほんぎ》』など複数の史料において、空海の作ではないかと論じられてきたのだ。

しかも、2010年には三重県明和町《めいわ》で、国内最古と見られるいろは歌の書かれた土器片が発見され、これが平安時代後期のものだと判明した（三重のものは9文字ほどだが、全文が残った土器は平安末期のものが平安京の堀河院跡から出土している）。

ということは、まさに空海の活躍したころから、この謎めいた歌は語り継がれていたわけだ。

さて、このいろは歌には、昔からさまざまな暗号が隠されていると噂されてきた。そのうちの一つ、最もミステリアスなものをご紹介しよう。まずは、このいろは四十七文字を左のように7行に並べてみる。

いろはにほへ**と**
ちりぬるをわ**か**
よたれそつね**な**
らむうゐのお**く**
やまけふこえ**て**
あさきゆめみ**し**
ゑひもせ**す**

すると、各行の最後の字は「とかなくてしす」となる。これは「咎《とが》無くて死す」と読める。つまり、〝罪もないのに死んだ〟ということだ。

さらに、最初と最後の行の冒頭、そして最後の字を並べると「いゑす」、つまりイエスと読める。

要するに、この歌には、無実の罪で十字架にはりつけにされて死んだイエス・キリストのことが読み込まれているのではないか、というのだ。

空海とイエスを結びつける不思議な連環は、こんなところにもあったのだ。

3章

日本の歴史を動かした「闇の法力」

……「覇者の陰」には、つねに怪僧の存在が――?

「オモテの歴史」には出てこないこと

「呪詛のパワー」がうずまく世界

空海《くうかい》の生涯を追っている際にも、ことあるごとに書いてきたが、天皇や貴族たちは、仏教の祈禱の力を非常に当てにしていた。

とりわけ、平安時代に中国からもたらされた密教は、奈良仏教のような学問と戒律ばかりのしかつめらしい仏教ではなくて、祈禱法や呪法《じゅほう》をメインにすえた本格的な救済システムに見えるものだった。

なにしろ、今まで見たこともないような不思議なデザインの曼荼羅《まんだら》や、鬼や魔物にしか見えないインパクト抜群の明王《みょうおう》像、壇上で炎を燃え上がらせる迫力満点の護摩《ごま》の秘法など、やることなすこと派手なことばかりだ。

それに密教の修法《しゅほう》には、雨乞いや病気平癒だけではなく、財運を呼び寄せる術や、長命のための祈禱、子どもを授かる法から、恋愛のための敬愛法《きようあい》まで、人々のあらゆる願望に対応するバリエーションの広さがあった。

天皇や貴族たちが先を争うようにして帰依《きえ》したのは、ムリもないことだろう。

だが、密教に熱狂したのは天皇や貴族たちばかりではない。

その驚くべき験力《げんりき》をさらに積極的に利用しようとしたのは、**時の権力者たち**であり、**武士たち**であった。

密教の願望成就の力は、考えようによっては、敵対する相手を不利に導くことができるということでもある。

さらに言えば、相手を打ち倒し、呪殺することさえ可能ということだろう。

たとえば戦国武将たちはみな、おかかえの密教僧に、敵将を呪い殺す祈禱を命じたりしていた。**密教は、戦局に多大な影響を与えていた**のだ。

実は、そうした**呪詛《じゅそ》合戦**のようなことは、日本の歴史のそこかしこで行なわれてきた。ただ、教科書には書かれていないというだけのことなのである。

日本の歴史学者のあいだで密教の知識を研究に取り入れることは常識であり、密教のことを知らない、わからない歴史学者など論外であると言っていいだろう。ただ、呪術だとかオカルトだとかを、あからさまに授業で中学生や高校生に教えるわけにはいかない、というだけのことなのだ。

本章では、そうした**オモテの歴史には出てこない、ドロドロとした権力者たちの争いと密教とのつながり**を紹介してみたいと思う。

きっと、「ああ、この武将もあの将軍も……、えっ、あの天皇も密教と関係していたのか」と驚かれる人も少なくないのではないだろうか。

密教と闇の日本史【古代編】

聖徳太子は「四天王の呪力」で物部氏を討伐した

最初に書いたように、密教は平安時代になってはじめて請来《しょうらい》（仏像・経論などを外国から持ってくること）されたのではない。それ以前から、日本には〝雑密《ぞうみつ》〟というものが伝わっていた。

空海が持ち込んだものが純正な密教、つまり〝純密〟であったのに対し、雑密は体系化される以前の呪術密教であったと言える。

たとえば、孔雀《くじゃく》明王の秘法によって、鬼神を使役し、空中を飛行したと伝えられる**役小角《えんのおづぬ》**（役行者《えんのぎょうじゃ》）は、あきらかに雑密の法をマスターしていた。小角はあらゆる超能

空中を飛行したという役小角

力を駆使したとされる、ある意味で空海以上の超人である。今も**修験道《しゅげんどう》の開祖**としてあおがれるこの行者は、飛鳥《あすか》時代の人物だ。

では、そうした呪術的仏教者の元祖と目されるのはいったい誰だろう。

それは、おそらく**聖徳太子《しょうとくたいし》（厩《うまや》戸《と》王《おう》）**である。

聖徳太子は、皇太子であったが、天皇に即位することがなかった。しかし、史上初の女帝である推古《すいこ》天皇の摂政《せっしょう》として、実質的な統治を行なっていた。

女性天皇というのは、男子の皇位継承者が幼かった場合などに即位する中継ぎ的な存在だから、これは非常に不自然なことと言える。

すでに聖徳太子は天皇としての仕事を実質的にまかされていたのに、なぜ推古天皇はさっさと譲位しなかったのだろう。

その疑問については、いろいろな推理や意見があるだろうが、それはズバリ、聖徳太子がふつうの人間ではなかったからにちがいない。そう考えるのが、最も納得がいくような気がするのだ。

聖徳太子は、空海に引けをとらないほどの超能力者だった。

その能力とは、たんに同時に10人の話を聴き分けたというようなことだけではない。おそらくは、仏教の呪術的側面に最初に気づき、それを巧みに利用して、民衆の統治に利用した人だったのだ。

この国に仏教がもたらされたとき、当然のことながら、旧来の神道《しんとう》を奉ずる側との対立が生じた。そして、**仏教を奉ずる蘇我《そが》氏**と、**神道を奉ずる物部《もののべ》氏**とのあいだに武力衝突が起こった。**日本最初の大規模な宗教戦争**である。

このとき、**蘇我氏に味方した太子は、**

聖徳太子は、空海に引けをとらないほどの超能力者だった

戦闘のさなかに四天王《してんのう》の像を彫って呪的な祈禱を行なったという。

するとそのとたん、それまで優勢だった物部の勢いがピタリと止まり、蘇我側の矢が当たりだした。その後、蘇我が圧倒的な勝利を収めたことは言うまでもない（ちなみに、その戦勝を記念して建てられたのが、大阪の四天王寺《してんのうじ》である）。

これ以降、仏教は朝廷と深く結びついて隆盛をきわめ、日本史上に欠かせない重要なファクターの一つとなっていく。

その歴史的ターニングポイントとなったのは、まだ「密教」という名称がついていないころの、聖徳太子の密教的な祈禱修法であったことはまちがいない。

「毘沙門天の霊力を移封した剣」で東北を制圧した坂上田村麻呂

聖徳太子については不思議な話が山ほどあり、なおかつ空海との霊的な因縁（空海は聖徳太子の生まれ変わりだったという説）まであって非常におもしろいのだが、そんなことを書いていると、この本はいつまでたっても終わらない。

ところで、聖徳太子が祈禱・祈願した四天王とは、仏教を守護する四方の護法神のことで、次の四神のことだ。

東方……持国天《じこくてん》
西方……広目天《こうもくてん》
南方……増長天《ぞうじょうてん》
北方……多聞天《たもんてん》

このうち、北方の多聞天は、単独では**毘沙門天《びしゃもんてん》**と称し、真言《しんごん》密教においては特別に尊崇《そんすう》される神となった。ちなみに、毘沙門天や弁才天《べんざいてん》の「天」とは、神という意味であり、古代インドの神々を指す言葉だ。

坂上田村麻呂は、最強の武神である毘沙門天の威力を存分に利用した

毘沙門天といえば、大黒天《だいこくてん》や恵《え》比《び》寿《す》などと一緒に宝船に乗る〝七福神〟としてのおめでたいイメージしかないかもしれないが、古代や中世においては「最強の武神」として信仰されてきた。

そして、この毘沙門天の威力を存分に利用したのが、平安時代最初の征夷大将軍《せいいたいしょうぐん》となった**坂上田村麻呂**《さかのうえのたむらまろ》である。

田村麻呂といえば、京都の清水寺《きよみずでら》を創建したことでも知られるが、もともとは千手観音《せんじゅかんのん》をあつく尊崇していた。ところが、東北の朝敵征伐の遠征の際、彼が願《がん》をかけたのは毘沙門天だった。

当時、東北一帯を支配していたのは**阿弖流為**《あてるい》（悪路王《あくろおう》）率いる蝦夷《えみし》である。朝廷は東北平定のために何度も大軍を送り込んだが、阿弖流為は異常に強く、朝廷軍は惨敗を喫するばかりであった。

そこで田村麻呂は、**毘沙門天を祀る鞍馬寺**《くらまでら》**に参じて剣をもらい受け、これに毘沙門天の霊力を移封**してもらった。むろん、特別な真言と秘印を授かってのことだ。

そして、いざ東北に進軍すると、変幻自在のゲリラ戦を展開する蝦夷たちに翻弄されつつも、田村麻呂は奇跡の快進撃をつづけた。

というのも、どの戦いにおいても、形勢が不利になると、どこからともなく不思議な援軍が現れて助けてくれたからだった。

次々に蝦夷を撃破して北進していった田村麻呂の軍は、あっという間に東北を制圧。

こうして無敵を誇った阿弖流為は降伏し、都に連行されて処刑された（田村麻呂は助命を嘆願した）。

現在、田村麻呂の進軍ルートである岩手県には、平泉町の達谷窟《たっこくのいわや》毘沙門堂、奥州《おうしゅう》市の黒石寺《こくせきじ》、同じく奥州市の藤里《ふじさと》毘沙門堂、北上市の立花《たちばな》毘沙門堂、そして花巻市の成島《なるしま》毘沙門堂と、毘沙門天を祀る地が数珠《じゅず》のように連なっている。

これらは、すべて田村麻呂の戦勝の跡地だ。つまり、**田村麻呂がいかに毘沙門天の力に頼っていたかを示す、〝奇跡の毘沙門ライン〟**ともなっているわけだ。

平将門の乱は「真言宗最大の秘法」で鎮圧された？

平安時代にはもう一つ、東日本で大規模な衝突があった。

関東一円をまとめあげて「新皇《しんのう》」を名のり、朝廷と真っ向から対立した平将門《たいらのまさかど》の大反乱である。

世に**「将門の乱」と称されたこの大事件を、陰から鎮圧したのも、実は密教僧**であったといわれている。

というのも、時の朱雀《すざく》天皇の命により、寛朝《かんちょう》という真言宗の高僧が、空海がみずから刻んだとされる不動《ふどう》明王像を携えて東国におもむき、そこで将門調伏《ちょうぶく》の祈禱を行なったということが記録に残っているからである。

当時、鬼神のごとき勢いで、常陸《ひたち》、下総《しもうさ》、武蔵《むさし》から相模《さがみ》までを制圧した将門だったが、戦闘のさなかに突然、遠方からものすごい速さで飛んできた一本の矢が、なんと馬上の将門の額《ひたい》に突き刺さったのだ。

馬もろともに、戦場にくずおれた将門――。

総大将を失った反乱軍は、とたんに総崩れとなり、そこから白旗をあげるまでには、さほどの時間もかからなかったという。

寛朝は、下総の成田《なりた》の地において空海自刻の尊像をすえ置き、乱を鎮《しず》めるための21日間の護摩《ごま》行《ぎょう》に入っていた。そして、まさにその21日目の結願《けちがん》の日、将門は流れ矢に斃《たお》れたのである。

しかも、将門ほどの大物を討ち取ったならば、矢を射た武者は「われこそが」と名のりを上げるものだろうが、不思議なことに誰からもそうした声は上がらなかった。

このことから、**将門は不動尊の放った矢に射貫《いぬ》かれたのではないか**、との噂が流れた。反乱鎮圧に絶大な効力を発揮したこの不動明王像は、都に戻されることなく、そのまま成田の地にて祀られることとなった。

それが、かの有名な**成田山新勝寺《しんしょうじ》**のはじまりなのである。

以上は、非常に有名な歴史エピソードであるが、密教界ではもう一つ知られざる逸話が密やかに語り継がれている。

実は、将門の乱と時を同じくして瀬戸内海では**藤原純友《ふじわらのすみとも》の乱**が勃発しており（2つの乱を総称して承平《じょうへい》・天慶《てんぎょう》の乱という）、東西の乱に揺さぶられた朝廷は、国家転覆の危機に瀕《ひん》していた。

そこで、真言宗では宗門をあげて、**最大の秘法「大元帥法《たいげんのほう》」**（真言宗では伝統的に帥《すい》の字を読まない）を修したというのである。これは怨敵降伏《おんてきごうぶく》のための最大にして最終の大秘法であり、国家存亡のときのみに修《しゅう》される究極の秘儀とされている。

将門の関東独立の夢は、その大秘法によってついえたのかもしれない。

ちなみに、**現代の皇室には平将門の血が入っている**。なんとなれば、将門の次女の遠い子孫のひとりが、大正天皇の生母となった柳原愛子《やなぎわらなるこ》だからである。

このことを考えるに、〝新皇〟を目指した将門の執念は、ついに皇室にまでたどり着いた、という見方もできないことはないのである……。

菅原道真の怨霊に〝水天の真言〟でわたり合った天台僧

平安時代に活躍したのは真言僧ばかりではない。ここで、天台僧《てんだい》の話にもふれておきたい。

現在、学問の神さまとして広く知られる**菅原道真**《すがわらのみちざね》は、天神さんとして全国の天満宮《てんまんぐう》に祀られているが、それは、道真が怨霊《おんりょう》となって朝廷にたたりをおよぼしたからである。道真の怨念を鎮めるために、神として祭り上げたのだ。

そして、その道真の怨霊とわたり合ったのが、**比叡山**《ひえいざん》**の天台座主**《ざす》**・尊意**《そんい》である。

政敵の謀略によって左遷《させん》された道真が九州・大宰府《だざいふ》で客死すると、その直後から都にさまざまな怪異が起こりはじめた。

道真を失脚させた首謀者たちが次々に変死し、朝廷では醍醐《だいご》天皇の皇子や孫たちが

雷神となり清涼殿を襲った菅原道真の怨霊。
わたり合ったのは天台座主・尊意だった

病死しはじめたのである。

さらに、御所の清涼殿《せいりょうでん》を落雷が襲い、おびただしい数の死傷者が出た。

その凄惨《せいさん》な光景を目撃した醍醐天皇は体調を崩し、病に伏してしまったほどだ。

これは道真の怨霊のしわざにちがいないと察した朝廷は、すぐに天台座主の尊意を呼び、天皇を守るための祈禱を依頼した。

尊意は、伺候《しこう》すると、御所全体を覆い尽くすただならぬ妖気に驚いた。

「これはゆゆしき事態。ただちに玉体安穏《あんのん》のお加持《かじ》を行なわねば！」

そしてすぐさま壇を築き、100日間におよぶ祈禱を開始したのである。

すると、眠りについていた天皇は、夢を

見はじめた。

夢の中で、燃えさかる火炎が見える。その炎の中にいるのは……**不動明王**だ。**不動明王は大音声《だいおんじょう》を発し、「帝《みかど》を守ってみせよう」と告げた**のである。

そこでハッと目を覚ました天皇が横を見ると、枕元には低い声で読経《どきょう》しつづける尊意の姿があったという。気づけば、天皇の病はすっかり癒えていたのだった。

だが、事はそれで終わらなかった。「北野天神縁起《えんぎ》」によると、今度は、比叡山に戻った尊意のもとへ道真の怨霊が現れたのだ。

道真は**「こたびの復讐は、梵天《ぼんてん》と帝釈天《たいしゃくてん》の許可を得てのものである。邪魔をするな！」**と、ものすごい形相でにらみつける。だが、尊意は意に介さず「帝の要請を断ることはできません」と峻拒《しゅんきょ》する。

すると、激怒した道真が口から炎を吹き出して一面を火の海にするも、尊意は印を結び水天《すいてん》の真言を唱えて、これを消し止めた。

両者はさらに舞台を鴨川に移し、雷雨と激流のなかで丁々発止《ちょうちょうはっし》の死闘をくりひろげるが、尊意との問答の末、ついに道真の霊は雷雲に乗って退散するのである。

このように、尊意は祈禱の達人として、皇室の尊崇を一身に集める存在であった。

その後も、都を襲った旱魃《かんばつ》や疫病を封じ、醍醐天皇の中宮《ちゅうぐう》に取り憑《つ》いた邪鬼を払って皇子の出産を助けるなど、さまざまな霊験《れいげん》を示したという。

院政40年！　白河上皇が最もこだわった仏尊は――

「院政」というのは、現在でもよく使われる言葉だろう。つまり、トップの人間が形式的には引退したかのように見せながら、後継者をさしおいて、実質的な権力者として采配をふるうことである。

平安末期、その院政を開始したのが、**白河上皇《しらかわじょうこう》**だった。

白河上皇は、出家して譲位したのちも、堀河《ほりかわ》天皇・鳥羽《とば》天皇・崇徳《すとく》天皇にまでわたる約40年ものあいだ、政治の中心に君臨した。

その**院政を陰から支えたのが密教の力**だったことは、あまり知られていない。

白河天皇は、即位するとすぐに壮大な寺院の建立《こんりゅう》に着手する。それが、現在の京都市岡崎のあたりに建てられた**法勝寺**《ほっしょうじ》だった。

この法勝寺は、残念なことに焼亡してしまったが、もしも残っていれば、まちがいなく日本最大級の寺であったろうと推測されている。

というのも、その規模がものすごいのだ。

記録によれば、法勝寺には、金堂《こんどう》・講堂・五大堂・薬師《やくし》堂・常行《じょうぎょう》堂・法華《ほっけ》堂・阿弥陀《あみだ》堂・北斗《ほくと》曼荼羅堂・愛染《あいぜん》堂・経蔵《きょうぞう》・鐘楼《しょうろう》・九重塔などの大伽藍《がらん》があった。

その中心となる金堂の本尊は、三丈二尺、つまり10メートル近くの金色の大毘盧遮那仏《びるしゃなぶつ》（大日如来《だいにちにょらい》）であったという。

高さ10メートルの仏像というのを想像してみてほしい。それも坐像だ。これはもう、大仏と言っていいのではないか。しかも、それを取り囲むように胎蔵界《たいぞうかい》の四仏が配置され、この四仏もそれぞれ6メートルの坐像なのだ。

おそらく四方の壁面や柱にも、胎蔵界の仏たちがズラリと描かれていたことだろう。要するに、金堂全体が巨大な立体曼荼羅なのである。

そのほか、阿弥陀堂には丈六《じょうろく》（約4・8メートル。想像上の釈尊の背丈。坐像はその半分）の阿弥陀如来が9体（九《く》体《たい》阿弥陀）も安置され、薬師堂にはやはり丈六の薬師如来が7体も立ち並んでいた。

ひときわ目立つ八角九重塔は、なんと高さ81メートル。日本一高いとされる東寺《とうじ》の五重塔が55メートルだから、それをはるかに上回る巨大建造物だ。

全体の規模を想像すると、まさに目がくらむほどではないか。

これらの堂宇《どうう》を守ったのは、東寺・延暦寺《えんりゃくじ》・三井寺《みいでら》（園城寺《おんじょうじ》）などの高僧であったという。つまり、当時の名だたる密教僧たちを結集させていたわけだ。

この法勝寺の創建によって、国家財政が大きく傾いたというのも当然の話だろう。だが、それでも白河帝は絶対に造営を中止しなかった。

そして、白河上皇は1096年に出家し、白河法皇となる。

みずから**密教秘法を修し、摂関家《せっかんけ》から実権を**

白河上皇はみずから密教秘法を修したという

愛染明王。左上部の手に願いを象徴するものをのせて祈禱すれば、すべてかなうという

奪い返すためにである。

白河法皇が最もこだわったのは、**愛染明王法**であったといわれている。

くわしく記す余裕はないが、愛染明王は、密教の第二祖である金剛薩埵《こんごうさった》の化身とされ、あらゆる願望を成就させる強力な仏尊であった。

愛染明王には6本の腕（六臂《ろっぴ》）があり、その手には弓矢や蓮華《れんげ》、金剛《こんごう》杵《しょ》などを持っているが、左上部の手には何も持っていない。

この何も持っていない手に、願いを象徴するものをのせて祈禱すれば、すべてかなうという秘法があり、白河法皇はそれを駆使して、みずから望むように皇子を誕生させ、皇位継承と朝廷政治をコントロールしていたというのである。

「天照大神＝大日如来」日本を支配した〝陰の力学〟

古代編の最後に、**皇室と密教との関わり**について、少しふれておきたい。

そもそも、空海が密教を伝えてからというもの、平城《へいぜい》天皇のように密教の灌頂《かんじょう》（秘儀伝授の儀礼。212ページ参照）を受けたり、宇多《うだ》天皇や白河天皇のようにみずから密教修法を行なうべく出家したりする天皇が現れた。

それだけ、**天皇と朝廷が密教の力を頼りにしていた**のである。

宮中には、「真言院」という建物が設けられ、そこでは毎年正月に両界曼荼羅をかかげて玉体護持の大法会《ほうえ》（後《ご》七日《しちにち》御《み》修法《しほ》）が開かれていた。

それどころか、政庁の中心である大極殿《だいごくでん》に、なんと大日如来を安置して国家鎮護の祈禱会が行なわれたことまであったのである。

ついでに書いておけば、鎌倉時代には、**皇室の菩提寺《ぼだいじ》**も創建された。

京都の**泉涌寺《せんにゅうじ》**（195ページ参照）である。通称を「御《み》寺《てら》」という真言宗の大寺だ。

現在も歴代天皇の位《い》牌《はい》を祀り、25基もの天皇陵を有する広大な寺域は、まさに名刹《めいさつ》と呼ぶにふさわしい偉容を誇っている。

そこまで皇室と密教が密接に結びついたのには、大きな理由があった。

それは、両者が最も尊崇する対象が、かなり類似していたからである。

皇室の祖神である天照大神《あまてらすおおみかみ》は、すべてを照らす太陽神である。そして、大日如来もまた、すべてをあまねく照らす存在だ。

天照大神を祀る伊勢神宮は、内宮《ないくう》と外宮《げくう》に分かれている。大日如来を中心とする両界曼荼羅もまた、胎蔵界と金剛界《こんごうかい》に分かれている。

これらの符合から、実はこの2つは同じものを意味している、という考え、すなわち、**「天照大神＝大日如来」という理論が生まれ、神道と密教は深く融合**していくことになったのである。

南北朝時代の公卿《くぎょう》・北畠親房《きたばたけちかふさ》は『神皇正統記《じんのうしょうとうき》』において、「わが国の神代の物語はすべて真言密教の諸説に符合している」とまで書いているほどだ。

これはもう、密教サイドによる〝神道の吸収〟と言っていいかもしれない。

そして、この神仏習合《しんぶつしゅうごう》の理論は、明治維新にいたるまで1000年以上ものあいだ、日本を支配する陰の力学となっていたのである。

密教と闇の日本史【中世編】

源頼朝が帰依した荒法師・文覚上人の法力

さて、日本は中世に入って、いよいよ武士の時代が到来する。

その嚆矢《こうし》として鎌倉幕府を開いた**源頼朝**《みなもとのよりとも》には、実は大いにその力を頼りにしたといわれる密教僧が身近にいた。

父の義朝《よしとも》が平治《へいじ》の乱で敗れ、伊豆の蛭ヶ小島《ひるがこじま》に流罪《るざい》となっていた頼朝は、ここでやはり流罪となっていた不思議な僧に出会う。それが、**文覚**《もんがく》だ。

平氏によって父や兄たちを殺され、みずからは丸裸同然で配流《はいる》の身。もはや名門廃絶の危機にあった源氏の若大将を、この文覚が叱責《しっせき》するのである。

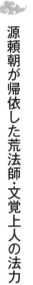

「見よ！　これはそなたの父のドクロだ。ここまで蹂躙《じゅうりん》されて、貴殿はなんとも思わぬのか。平氏の横暴をただ黙って見ているだけの腰抜けなのか」

誰のものともわからない頭蓋骨をぐいぐい押しつけ、文覚は悲しみにうちひしがれる頼朝に、源氏再興と平氏打倒の挙兵を迫ったのだ。

このとき、頼朝はまだ26歳、文覚は34歳だった。

そして、挙兵した頼朝は破竹の勢いで勝利を重ね、平氏を滅亡させ、奥州藤原氏を平定して、征夷大将軍となったことはよく知られるところであろう。

頼朝は、鎌倉に幕府を開き、日本初の武家政権を誕生させたのである。

さて、文覚のほうはどうなったのだろう。

文覚は、俗名を遠藤盛遠《えんどうもりとお》といい、出自は武士だった。

だがあるとき、人妻に道ならぬ恋をし、しかも誤ってその人妻を殺してしまい、ショックのあまり出家したという変わり種だ。もともと粗暴で思慮が足りない男だったが、深く悩まずに死ぬほどの凄絶な修行を重ねた（じっさい、那智滝《なちのたき》での荒行で死にかけたが、不動明王の眷属《けんぞく》の二童子〈左ページ図の右上〉に命を救われたという）せいか、とんでもない法力《ほうりき》を獲得するまでになった。

飛ぶ鳥を自在に落とし、一喝で荒波や暴風を鎮めるほどの荒法師となったのである。

その法力が、頼朝の戦いにどう影響を与えたのかはわからない。

だが、頼朝が政権の座につくと、文覚を重用《ちょうよう》し、その希望通りに空海ゆかりの神護《じんご》寺《じ》を復興させるなど、惜しみない支援をほどこしたのである。

また、後白河《ごしらかわ》法皇からも絶大な信頼を寄せられ、真言僧として頂点をきわめるも、頼朝が逝去《せいきょ》すると運気は一気に下降し、政争に巻き込まれてまた流罪となるなど、波瀾《はらん》の一生を送ったと伝えられる。

流罪にあった源頼朝にドクロを押しつけて叱咤激励した文覚

ちなみに、頼朝が熱心に拝んでいたという愛染明王像が、今も高《こう》野山《やさん》の金剛三昧院《こんごうさんまいいん》に残されている。

頼朝の死後、密かに運ばれたものというが、してみると、**文覚は愛**

染明王法によって頼朝に政権をとらせたということなのかもしれない。

「怨敵降伏の祈禱」で元軍を撃退！ 西大寺の叡尊と忍性

鎌倉時代の中期、日本は最大の危機にさらされることになる。元寇《げんこう》、すなわちモンゴルによる日本侵略である。

当時、モンゴル帝国のフビライ・ハーンが中国大陸全域を制覇して元を樹立、朝鮮半島から世界最強の艦隊を日本に送り出してきた。

これが、世にいう文永《ぶんえい》・弘安《こうあん》の役、つまり「蒙古《もうこ》襲来」という大事件だ。

しかし、この2度にわたる元軍の襲来は失敗に終わる。幕府軍が善戦したうえに、2度とも、突然起こった暴風雨によって元軍の大艦隊は総崩れとなり、撤退を余儀なくされたのである。

もしもこの暴風雨がなかったら、日本は征服されて元の領土になっていたかもしれないのだ。

この暴風雨を称して「神風《かみかぜ》が吹いた」というわけだが、仏教界には**「日蓮《にちれん》が蒙古撃退の祈祷を行ない、神風を吹かせた」という説**がある。

たしかに、日蓮は『立正安国論《りっしょうあんこくろん》』という著作で、外国の勢力が日本に攻めてくると予言し、『法華経《ほけきょう》』の題目を唱えないと日本は滅ぶと警告していた。

だが、祈祷を行なったというのは真実ではない。これは江戸時代に日蓮を神格化するために創作された伝説なのである。

実際にその祈祷を行なったのは、むしろ日蓮がさんざん批判していた法敵のほうで、真言律宗《しんごんりつ》の**叡尊《えいぞん》**と**忍性《にんしょう》**という2人の密教僧だった。

当時、日蓮はほとんど無名の存在であり、逆に叡尊と忍性は、貧民や病者を救済する社会活動を行なっていて、スーパースターのような人気があった。

この2人の師弟コンビは、幕府の依頼によって、伊勢神宮や石清水八幡宮《いわしみずはちまんぐう》におもむき、そこで怨敵降伏の祈祷を行なった。

それも**「東風を吹かせて蒙古を撤退させ、相手の兵士がひとりも傷つくことなく、船だけを失わしめよ」と祈祷**したのだった。

そして、2度とも実際に神風は吹いたのである。

このときの鎌倉幕府の執権《しっけん》であった**北条時宗**《ほうじょうときむね》は、すでに高僧として名高かった2人の師弟を、さらに厚遇したという。

真言律宗の総本山である奈良の西大寺《さいだいじ》は、東大寺にくらべると影が薄いように思えるが、鎌倉時代には、この2人による再興と活躍で非常に隆盛を誇っていたのである。

南朝の王権と「三種の神器」を守った密教の力

毎年正月にテレビ中継される箱根駅伝で、「遊行寺《ゆぎょうじ》」という地点が出てくるのをご存じだろうか。これはもちろん、寺の名だ。

この寺は正式名称を**清浄光寺**《しょうじょうこうじ》といい、現在は一遍上人《いっぺんしょうにん》ゆかりの時宗《じ》の総本山となっている。そしてこの遊行寺には、一幅《いっぷく》の異様な肖像画が存在する。

王冠をかぶって袈裟《けさ》を身にまとい、手には五鈷杵《ごこしょ》と五鈷鈴《ごこれい》を持つ、まるで密教の行者のような姿の**後醍醐天皇**《ごだいご》像である。

鎌倉幕府を倒して天皇による政治を復活させ、また、皇室が2つに分裂した際には、京都を捨てて吉野の山中に南朝を樹立したという、まさに異色中の異色の天皇が、この後醍醐天皇であった。

鎌倉幕府を倒し、南朝を樹立した後醍醐天皇。その姿は、まるで密教僧のようだ

この肖像画には、なんというか、見る者を吸い込むような魔力がある。それにしても、なぜ、後醍醐天皇はこのような法衣《ほうえ》の姿で描かれているのか。

それは、この天皇のバックに多くの密教僧や修験者《しゅげんじゃ》たちがひしめいており、南朝はさながら強大な呪術者の帝国と化していたからである。

そのなかでも、とりわけ後醍醐帝に気に入られていたのが、〝妖僧〟として恐れられた真言僧の**文観**《もんかん》だった。

文観は、魔神ダキニ（荼枳尼天《だきにてん》）を祀り、外法《げほう》（外道の法）を駆使したといわれる。それどころか、淫祠邪教《いんしじゃきょう》とされる「真言立川流《たちかわりゅう》」の実践者との噂もあった。

『太平記』には、後醍醐天皇の后である中宮禧子《きし》の安産を祈禱する文観の姿が描かれているが、もちろんそれだけではない。

ドクロを壇上にかかげて幕府を呪詛する調伏祈禱を行ない、その**類いまれなる妖術の力で、後醍醐天皇による「建武《けんむ》の新政」を実現させるにおよんだ**のである。

一介の真言律宗の僧であった文観は、これ以後、東寺の一長者《いちのちょうじゃ》となり、高野山の座主にまでなった。

つまり、真言宗全体の頂点にのぼりつめたのである。

そして、文観は後醍醐天皇に、東寺に秘蔵されていた仏舎利《ぶっしゃり》（ブッダの遺骨）を献上し、これを国家鎮護の本尊とする秘法を授けたという。

あの遊行寺の肖像画は、見る人が見れば、灌頂《かんじょう》（秘儀伝授の儀礼）の際の姿だとすぐにわかる。

後醍醐天皇は、みずから密教修法を実践するために、文観から灌頂を受け、秘密の真言と印を授かっていたにちがいない。

その証《あかし》となるのが、まさにあの肖像画なのである。

以後、**4代にわたる南朝の王権と「三種の神器」を守ったのは、密教の力**だったのだ。

足利将軍家を陰から操っていた〝黒衣の宰相〟

さて、南北朝時代から時は移り、室町時代に絶大な権力をふるっていたのは、なんといっても足利《あしかが》将軍家である。

とりわけ三代将軍の**足利義満《よしみつ》**は、南北朝を合一させ、あの金閣寺（鹿苑寺《ろくおんじ》。義満は、その元となる別荘の北山殿《きたやまどの》を造営した）をつくったことでも有名で、ほとんど天皇と見まがうほどの権力を誇っていた。

金閣寺・銀閣寺（慈照寺《じしょうじ》）というと、臨済宗《りんざい》の禅寺である。

足利将軍家が、臨済禅と密接な関係があったことはまちがいない。

だが、それはオモテ向きの話であって、政治にはつねにウラ側があるのである。

実は足利義満には、政策や人事などのすべてを相談する僧侶がいた。

それも、臨済宗ではなく醍醐寺《だいごじ》の真言僧だ。名前を**満済**《まんぜい》という。

この満済は、通称を「満済准后《じゅごう》」と呼ばれていた。

准后とは〝准三后《じゅさんごう》〟の略で、「太皇太后《たいこうたいごう》・皇太后・皇后に準ずる者」を意味する。

つまり、限りなく天皇に近い地位のことである。

ふつうは、特別に優遇された摂政や関白、将軍などにしか与えられない称号だが、
満済は、まさに特別待遇の僧だったのだ。

満済は、三代将軍義満、四代将軍義持《よしもち》、六代将軍義教《よしのり》につかえて、足利幕府の黄金期を陰から支えた。

重要な決定の背後には、必ず満済がいたと言っても過言ではない。

その詳細は、晩年に書きつづられた『満済准后日記』に記されているが、室町時代の政治史を知る第一級の史料ともなっている。

とくに、**六代将軍の決定に際しては、満済の意向が大きく反映された**といわれる。

六代義教は義満の子だったが、出家して比叡山に入り、天台座主となっていた。

そして、五代義量《よしかず》が若くして亡くなったため、義教を説得して還俗《げんぞく》させ、六代将軍にすえたのである。

その義教は冷徹な将軍で、少しでも気にさわることがあると簡単に処刑・処罰を行なうという、極端な恐怖政治をしいたことで知られるが、満済の意見や諫《いさ》めにだけは黙って従ったという。

天台僧だった義教は、きっと満済の実力と怖さをよく知っていたのだろう。

それゆえにか、満済はいつしか〝**黒衣《こくえ》の宰相《さいしょう》**〟と呼ばれるようになり、将軍家のフィクサーとして、世に隠然たる力を示す存在でありつづけたのである。

密教と闇の日本史【戦国・近世編】

永遠のライバル上杉謙信と武田信玄のすさまじい「呪法合戦」

これよりついに、怒濤《どとう》の戦国編に突入する。

この第3章の冒頭でも書いたように、戦国乱世を生きた武将たちはみな密教の力を当てにしていたし、おかかえの密教僧がいた。

戦国時代は、見方を変えれば、大呪術合戦の時代だったとも言える。

その証拠はいくらでもあり、やろうと思えば〝戦国武将と密教〟というテーマで何冊も本が書けてしまうほどなのだ。

だが、ここではごくごく俯瞰《ふかん》的に、その驚くべき戦国史の一面をなぞっておこう。

最初に登場するのは、永遠のライバルとして知られる**上杉謙信《うえすぎけんしん》**と**武田信玄《たけだしんげん》**だ。

この両者は、まちがいなく戦国時代最強の武将で、どちらかが天下をとっていてもなんの不思議もなかった。

だが、なんとも皮肉なことに、あまりに両者の力が拮抗《きっこう》していたため、川中島における4度の激闘でも決着がつかず、そのうちに若い織田信長《おだのぶなが》や徳川家康《とくがわいえやす》らの台頭を許してしまったのである。

ちなみに、意外と知られていないことだろうが、**謙信、信玄というのは法名**である。それぞれ上杉輝虎《てるとら》、武田晴信《はるのぶ》という名であったが、俗名を捨てて仏に帰依し、出家したからである。

考えてみれば、謙信といえば白い頭巾《ずきん》をかぶった僧兵姿がすぐに連想されるし、信玄にしても剃髪した入道《にゅうどう》姿が一般的なイメージではないか。

要するに、彼らは本気で呪力を獲得しようとしていた、ということなのだ。

軍神・毘沙門天の「毘」を染め抜いた
上杉謙信の旗指物は、あまりに有名

そのあまりの強さに〝軍神〟と恐れられた上杉謙信は、出陣が決まると、必ずと言っていいほど敵将を調伏《ちょうぶく》するための護摩を焚《た》いたという。

謙信がつねに奉じていたのは、まさしく**軍神の毘沙門天**だ。上杉軍の旗指物《はたさしもの》に「毘」の一字が染め抜かれているのも、それゆえである。しかも生涯独身をつらぬいた謙信は、ついには伝法《でんぽう》灌頂を受けて真言宗の阿闍梨《あじゃり》（現在の阿闍梨とはちがう高位の称号）にまでなっている。

みずから毘沙門天の化身と称し、宿敵信玄の首をとらんと、護摩堂で呪詛の陀羅尼《だらに》（真言の長いもの）を吐きつづけるさまは、まさに鬼気迫るものがあったことだろう。

それに対して、最初は禅宗で得度《とくど》した信玄も、謙信への対抗意識から天台宗に接近した。そして、出陣に際しては多数の密教僧を同道させ、ありとあらゆる神仏に勝利を祈願し、敵将呪詛の祈禱を行なったといわれる。

あるとき仏師に自分の姿を彫刻させたところ、それがあまりにすさまじい形相で、不動明王さながらの像になっていた。そこで、なんと信玄は剃髪したみずからの髪を焼いて漆《うるし》に混ぜ、それを像の胸部に塗りつけて、これを正式に不動明王像とした。

謙信の毘沙門天に対抗する、強力な本尊像の誕生である。

この**信玄生き写しの武田不動**は、今も山

武田信玄がみずから髪を焼き、漆に混ぜて胸部に塗りつけた不動明王像。信玄に生き写しという

梨県甲州市の恵林寺《えりんじ》にある。この像こそが、信玄が不動明王の化身となって修法を行なった証なのである。

謙信と信玄――双方ともに戦場ではほぼ無敗を誇ったが、信玄は天下とりの途上で病に倒れ、謙信も上洛《じょうらく》へ向けての遠征のさなか脳溢血《のういっけつ》で急死した。

そして、次なる舞台の主役を、織田信長に譲ることになる。

「第六天魔王の力」で天下に君臨した織田信長

謙信や信玄に限らず、この時代の武将たちはみな神仏や呪術に対して、畏《おそ》れに近い感情を抱いていた。ただひとりの例外を除いて。

それが、**神も仏も畏れぬ男、織田信長**だった。

信長は、本願寺勢力をたたきつぶし、比叡山を焼き討ちにした。堂宇も仏像もことごとく焼き払い、僧侶や信徒は容赦なく首をはねたとされる。

このように、あらゆる宗教的権威を破壊する徹底したリアリストこそが織田信長なのだと、今までは信じられてきた。

だが、どうやら信長の周囲にも、密教僧の影がちらついていたようなのである。

信長は決して宗教そのものが嫌いだったわけではない。その証拠に、キリスト教の宣教師たちを相手に、霊魂についてだとか、天地創造の話とか、形而上学的《けいじじょうがく》な話を好んで聞き出していたし、仏教や神道の宇宙観についても議論している。

むしろ、〝究極の世界〟についてはどん欲に知りたがっていたフシすらある。

ただ、俗化し権力欲におぼれた坊主どもが嫌いだっただけなのだ。

その信長は天下統一を目前にして、琵琶湖のほとりに巨大な城を建てる。今はなき幻の城、**安土城**《あづち》である。

この城こそが、信長の謎に迫るキーポイントだ。

安土山の頂上にそびえていたという7層からなる大天守を中心に、多くの櫓《やぐら》や殿舎、石垣が配置され、そのふもとには**摠見寺**《そうけんじ》という寺がつくられた。

その寺は、見かけは禅宗寺院だったらしいが、住職は密教僧だったのである。

しかも、この寺には、信長が各地から徴収したさまざまな仏像が、ひしめくように安置されていたらしい。いったい、なぜなのか？

実は安土城は、日本列島のほぼ中心に位置している。

紙幅もないので結論から言おう。この安土城は、仏教の世界観において、その中心にそびえているとされる〝須弥山《しゅみせん》〟を模して建てられたと思われるのだ。

信長は、信玄にあてた書状のなかで**「第六天魔王《だいろくてんまおう》信長」**と名のっていたという。

第六天魔王とは何か？

それは、須弥山のはるか上空、弥勒菩薩《みろくぼさつ》が待機するという兜率天《とそつてん》よりもさらに上の天界である他化自在天《たけじざいてん》（第六天）にいる魔王のことであり、形がある物質世界において最高位の存在なのだ。

つまりは、自分を〝この世の帝王〟になぞらえているのである。

何度も書いているが、密教は見立てが重要だ。

もしかしたら信長は、須弥山たる安土城において、みずからを帝王に変成《へんじょう》させるための秘儀を実践していたのではないか。

そのような観点に立ったとき、あの本能寺《ほんのうじ》の変と信長の死は、従来の歴史解釈とはまったくちがった意味をもって、われわれの前に迫ってくるのである。

「本能寺の変」――明智光秀の謀反に隠された謎

読者もよくご存じのとおり、信長は自分の配下であった**明智光秀**《あけちみつひで》の謀反《むほん》によって、本能寺で最期《さいご》をとげたことになっている。

まさに、天下統一を目前にしてのことだ。

だが、このストーリーには不可解な点がある。不可解だらけと言ってもいい。

あたかも、光秀がパワハラ上司を葬《ほうむ》り去ったかのように語り伝えられているが、そもそも光秀が信長のことを嫌っていた証拠など、どこにもないのである。

それに、明智光秀はすぐれた戦略家として有名な武将だった。

信長や秀吉《ひでよし》の陰に隠れてあまり

冷静沈着な光秀が、なぜ本能寺の変を起こしたのか――

目立たないが、最後の最後に山崎の戦いで秀吉に敗れた以外は、ほとんど戦闘でも負けていない。

そんな**冷静沈着な光秀が、主君を討って下剋上《げこくじょう》などしたら自分がいったいどうなるか、わからなかったはずがない。**

織田軍には、秀吉以外にも**柴田勝家**《しばたかついえ》や**丹羽長秀**《にわながひで》など、歴戦の猛将が目白押しだ。主殺《しゅうごろ》しの自分が八つ裂きにされるのは、目に見えているではないか。

さらに言えば、本能寺の変で信長は自害したとされるが、遺体は見つかっていない。通常は武将を討てば首印《くびじるし》をあげるものなのに、火が放たれて寺は焼け、信長の死体は確認されていないのだ。

ついでに言えば、本能寺の変からわずか13日後、光秀は農民に槍《やり》で突かれて死んだことになっているが、これまた不可解な話で、当時のある貴族が日記にそう書いているから、そのように受け取られているだけなのだ。

では、この大事件と密教との関連はどうなっているのだろうか。

実はこの**本能寺の変が起こる直前、織田軍は高野山を包囲**していた。あと少しで、総攻撃をかけるところだったのだ。

それが信長の突然の死によって、高野山は壊滅的な破壊をまぬかれたことになる。

また、光秀の死の直後、信長の建てたあの壮麗な安土城は、明智軍の手によって火をかけられ、灰燼《かいじん》に帰している。

7層の大天守はもちろん、ふもとの摠見寺もほぼ全焼した。そして、住職だったという真言僧も姿を消した。

この真言僧は尭照《ぎょうしょう》という名と、信長の若いころから目をかけられていたということ以外、まったく消息不明の謎の存在なのだ。

もう一つだけ書いておこう。光秀が死んだとされている場所は、醍醐寺のすぐ近く、小栗栖《おぐるす》という地だった。

偶然かもしれないが、ここには真言宗最大の秘法・大元帥法を継承してきた寺である法琳寺《ほうりんじ》があった。そしてこの寺もまた、ほぼ同じころに廃絶しているのだ。

まるで、**何かを隠そうとする者の意志**が働いているかのようではないか。

高野山に集う戦国武将たちの霊

さすがに、この小文で本能寺の変の謎をすべて解くのは不可能だが、何かここには〝できすぎのドラマ〟のにおいがすることだけは感じていただけたと思う。

そして、その背後には、どうやら密教の気配がありそうなことも。

いずれにしても、信長も光秀も、いやそれどころかほとんどの戦国武将が、密教呪術と深い関係をもっていたことだけは、まちがいないだろう。

そういえば、ここまで書いてきて、ふと思い出したことがある。

高野山の奥之院にある、おびただしい数の墓石のことだ。

空海が今も入定《にゅうじょう》しているという大師廟の前には、およそ2キロにわたって苔《こけ》むした古い墓石や供養塔が両側に立ち並ぶ参道がある。

鬱蒼《うっそう》とした森の中の無数の墓石群のありようは、まさに「日本最大の霊場」というにふさわしい森厳《しんげん》な空間を演出している。

その古い墓廟や石碑をよく見てみると、なんと、伊達政宗《だてまさむね》・上杉謙信・武田信玄・石田三成《いしだみつなり》など、そうそうたる武将たちの名前が刻まれている。

豊臣《とよとみ》家の墓も、徳川家の墓もある。織田信長と明智光秀の墓だってある。

それだけではない。真田《さなだ》家の墓も、島津《しまづ》家の墓も、毛利《もうり》家の墓もあるのだ。ありとあらゆる戦国武将たちが、ここ高野山に眠っているのである。

戦国時代に干戈《かんか》を交えた武将たちの霊が、この高野山では仲よく並んでいる。

これは、いったいどういうことなのか？

これらの武将の墓は、そのほとんどが分骨によるものであるとはいえ、それでもこのように生前の敵が眠る墓地に納骨されるのをよしとするものだろうか。

私がここで連想するのは、中東イスラエルのエルサレムである。

神殿の丘を取り囲むように、とてつもない数の墓が並んでいる光景だ。

かつて神がアブラハムを試し、イエスが十字架にかけられ、ムハンマドが昇天した約束の地に、いつの日にか救世主が降り立つことになっている。

その日を待ちながら、もはや敵も味方もなく、あらゆる民が平等に永遠の眠りについているのだ。

戦国武将たちもまた、敵味方を超えてまで高野山に死後の住み処《か》を定めようとしたのは、ここが**日本における「約束の地」であり、救世主たる弘法大師《こうぼうだいし》の力にすがりたいと思ったから**ではないだろうか――。

「天台密教の秘儀」で神になった徳川家康

話を少し戻そう。

明智光秀が実は生き延びていて、密教僧になったという説がある。

それも、のちに徳川家康のブレーンとなった**天海僧正《てんかいそうじょう》**こそが、光秀だったのではないかという説だ。

実に突拍子もない話だとは思うが、たしかに若いころの記録がなく、出自《しゅつじ》のはっきりしない天海が、なぜ天台座主にまでなれたのか、非常に不自然ではある。

だが、知略家で貴族文化や宗教にも深く精通していたとされる光秀が天海ならば、まったくあり得ない話ではないようにも思う。

天海は、家康が関ヶ原の戦いに勝利し、江戸に幕府を開くにあたって、江戸の町を呪的にデザインしたことで知られている。

つまり、平安京と同様に江戸城を四方から、玄武《げんぶ》（北）・青龍《せいりゅう》（東）・白虎《びゃっこ》（西）・朱雀《すざく》（南）という四神《しじん》に見立てたもので取り囲み、**徳川将軍家を霊的に守護**しようとしたというのである。

それだけではない。東北の鬼門の方角には比叡山を模した東叡山寛永寺《とうえいざんかんえいじ》を置き、裏鬼門の赤坂には日枝《ひえ》神社（これは日吉《ひえ》の神、すなわち比叡山の守護神だ）を配置した。

徳川将軍家を霊的に守護した天台座主・天海。「陰の最高権力者」だったとされる

そして、江戸城の真北には日光、真南には芝の増上寺《ぞうじょうじ》がある。

これらはすべて、天海の差配によるものといわれている。

まさに、これでもかというくらいに〝結界〟を張りめぐらせたわけだ。

もしも、天海僧正がほんとうに

光秀だとしたら、真の戦国の覇者《はしゃ》は明智光秀ということになるかもしれない。
なにしろ、自分の俗世の姿をすべて滅して、第六天魔王信長の野望を砕き、徳川を利用して、陰の最高権力者たる〝**黒衣の宰相**〟となりおおせたのだから。

家康の死後、天海は天台密教の最奥の秘儀によって、家康を「東照大権現《とうしょうだいごんげん》」という神に祭り上げ、日光東照宮に鎮祭した。

くりかえすが、日光は江戸の真北に当たる。北とは、天の中心である北極星、すなわち天帝の方位であり、家康をこの世界の帝王に見立てたわけだ。

考えてみれば、「東照」とは東のアマテラスのことであり、大日如来でもある。

家康を最強の神となして、徳川家を守護しつづける存在に変えたのである。

以後、**260年以上にわたって江戸幕府を陰から支えつづけたのは、この天海による強靭な霊的防御システム**だったのである。

コラム

忍者は「密教の使い手」だった？

最近は欧米人に大人気だという日本の**忍者**は、戦国武将たちが配下としてかかえたスパイ集団、というイメージが一般的にはあるだろう。

映画やテレビに出てくる忍者は、さまざまな者に変装したり、正体を見破られるや両手を不思議な形に組んで呪文を唱えると、姿が消えてしまったりする。

しかも手裏剣《しゅりけん》などの武器を駆使し、人間とは思えないほどの跳躍力でもって屋敷の屋根の上に跳び上がって疾走したりするのだ。

もちろん、これらはフィクションのなかでの話だから、実際の忍者をかなり誇張して表現したものであるにちがいない。

だが、そうした忍者像をよくよく観察してみると、密教のシンボルがあちこちに見られることに気づくだろう。

たとえば、忍者がドロンと消えたりする際に、よく左手の人差し指を立ててそれを右手で握り、右手の人差し指を立てている。

これは、金剛界大日如来の智拳印《ちけんいん》によく似ている。というよりも、智拳印を誤って伝えたイメージとしか考えられないのだ。

そういう目で見てみると、忍者の使う棒手裏剣は独鈷杵《とっこしょ》に、十字手裏剣は羯磨《かつま》に、星形手裏剣は輪宝《りんぽう》に、かなり似ている。これらはすべて密教の法具である。

また、忍者が人差し指と中指を立てて空を切る所作をしながら**「臨兵闘者皆《りんぴょうとうしゃかい》陣烈在前《じんれつざいぜん》」と唱えるのは、明らかに山岳密教（修験道）の九字護身法《くじごしんぼう》**（253ページ参照）である。

一瞬で相手を動けなくさせる「不動金縛りの術」というのも、忍者の話によく出てくるが、これまた山伏《やまぶし》が行なったという修験道の秘術だ。

これは、いったいどういうことなのか。なぜ忍者の話には、こうした密教的な呪術のイメージがつきまとうのだろう。

実際の忍者がどのような存在だったのかは、実はあまり史料が残っていなくてよくわからない。一般に説かれている忍者像も、「たぶん、こんな感じだったのでは」という推測の域を出ないものがほとんどなのだ。

ということは、忍者の正体が、密教や修験道の修法を駆使した一種の呪術テクノクラートだった、という可能性も否定できないのである。

実際、伊賀に伝わる忍法の秘伝書『万川集海《まんせんしゅうかい》』には、密教の印や真言が記されていたりする。

たとえば「観音隠れ」という項目では、「少しも動かず隠形《おんぎょう》の呪を唱えることで姿を隠すことができる」として10の梵字《ぼんじ》で秘密の呪文が記されている。これはおそらく摩利支天《まりしてん》の隠形呪（真言）だろう。

最近の研究では、忍者は聖徳太子の時代から存在していたらしいことも明らかになってきている。権力者の陰には、つねに忍者（＝密教者）がいたということだ。

きっと、忍者が見せた不思議な術というのは、密教の呪法だったのである。

4章

最強の「聖地《パワー・スポット》」をめぐる旅

……神秘的な霊域、荘厳な仏たちは何を語っているのか

「密教修行の聖地」を訪ねる

ここからは、密教が今も実践されている聖域を紹介していこう。

そこでは、**マジカルに配置された神秘的な仏像群**を、**天井からつり下げられた胎蔵界《たいぞうかい》と金剛界《こんごうかい》の大曼荼羅《だいまんだら》の偉容**を、そして、修行者たちが**阿闍梨《あじゃり》となるための厳しい修練にあけくれる姿**を、つぶさに見ることができるだろう。

ある意味で、密教は〝過剰〟な宗教だといえる。

曼荼羅にしても、仏像にしても、印や真言《しんごん》にしても、その一つひとつに、とてつもない量の意味や力がこめられているからだ。

いわば、末端の部分までが一個の小宇宙を形成しているのだ。

その過剰さを実際に体感するために、聖地への旅につくことにしよう。

空海が今も生きる「高野山奥之院」（和歌山県伊都郡高野町／高野山真言宗総本山）

密教を学ぶ者が一度は訪れなければならない場所が、和歌山県の**高野山**《こうやさん》だ。

古くから、真言宗といえば、京都の東寺《とうじ》と高野山がツートップの存在だ。

そして東寺が密教の実践道場であるのに対して、高野山は修行地であるだけでなく大霊場でもあった。なにしろここは、日本密教最大の超人である空海《くうかい》が〝今も生きている〟霊域だからだ。

高野山は通常の町ほどの広さがあり、見どころは多数あって書ききれないほどだが、どうしてもはずせないポイントを中心に順次、紹介していこう。

全山の最も西にある大門を通り抜けてしばらく参道を行くと、**《壇上伽藍》**《だんじょうがらん》というエリアに着く。言ってみれば、ここが高野山の聖なる中心で、重要な儀礼はほとんどこの場所で行なわれる。

根本大塔――高さ50メートルの威容を誇る。
真言密教の根本道場・高野山のシンボルだ

ここに建ち並ぶのは、高さ50メートルの巨大な**根本大塔**《こんぽんだいとう》、高野山の総本堂に当たる金堂《こんどう》（本尊は阿閦如来《あしゅくにょらい》）のほか、御影《みえ》堂・不《ふ》動《どう》堂・西《さい》塔・御社《みやしろ》・愛染《あいぜん》堂などで、それらおのおのが重要きわまりない必見スポットと言っていい。

そしてその中央に位置するのが、空海が唐から投げた三鈷《さんこ》杵《しょ》が引っかかっていたという松の木で、これを**「三鈷の松」**という。

根本大塔内の大日《だいにち》如来像（口絵カラーページ参照）は、ぜひ拝観しておきたい。それと、壇上伽藍のすぐ近くに**《霊宝館》**があるので、ここも絶対に立ち寄るべし。

壇上伽藍を抜けてさらに東に向かうと、

右手に高野山大学、左手に《**金剛峯寺**《こんごうぶじ》》が見えてくる。

この金剛峯寺こそが高野山を代表する中心寺院で、高野山真言宗の総本山に当たる。豊臣秀吉《とよとみひでよし》が再建に関わったこともあり、広大な主殿のほか、道場や書院、石庭など、壮麗な空間が奥深くまで展開している。

さりげなく国宝級の仏像や美術品があったりするので、注意して拝観すべし。

金剛峯寺には山内に116もの《**子院**》があって、かなりの歴史的な名刹《めいさつ》も少なくない。しかも、その半数近くが宿坊を兼ねており、泊まれば、修行体験やその子院の非公開の仏像を拝観できたりするので、宿泊しない手はない。

さて、残るは最大の聖地《**奥之院**》である。

バスで近くまで行けるが、一の橋という場所から2キロほど歩いていくのが、正規の参拝ルートだ。鬱蒼《うっそう》とした森の中、およそ20万基もの戦国武将の墓所のあいだを歩くのだ。途中には、**弥勒石**《みろくいし》などの奥之院七不思議のスポットもある。

そして**御廟橋**《ごびょうばし》をわたる。ここから先は写真撮影禁止なので注意しよう。

御廟・燈籠堂に続く御廟橋。ここから先は撮影禁止だ

大師廟の前にある荘厳な燈籠堂《とうろう》は、堂内だけでなく地下にも行けるのでぜひ。

そして、大師廟の前にたたずむ。その奥の霊窟で〝生きながら〟永劫《えいごう》の禅定《ぜんじょう》に入っているという弘法大師《こうぼうだいし》空海に静かに思いをはせてみよう。

比叡山の「三大魔所」と修行の森

（滋賀県大津市／天台宗総本山）

真言宗の高野山に対して、天台宗《てんだい》には**比叡山**《ひえいざん》という大聖域がある。

こちらは、京の都のすぐ近くで、滋賀県の琵琶湖を望む山中にあり、御所から見てちょうど鬼門（東北）に位置している。つまり、天皇の住まいの不吉な方角を守るように鎮座《ちんざ》する聖地なのだ。

ちなみに、天台密教のことを略して「台密《たいみつ》」というのに対し、真言密教のほうは「東密《とうみつ》」と称する。これは、東寺の密教という意味だ。

つまり、比叡山と直接対抗していたのは東寺だったからだが、ではなぜ「比密」とか「叡密」といわないかというと、天台密教は山門派《さんもんは》（比叡山）と寺門派《じもんは》（三井寺《みいでら》）に分裂していたため、総称する必要があったのである。

そして比叡山では、密教だけでなく顕教《けんぎょう》も行なう。天台宗の教えでは、顕教を行なわずに密教を学ぶことはできないからだ。

さて、その修行の山たる比叡山は、大きく3つのエリアからなっている。

中心となるのは、**《東塔《とうどう》》**エリアだ。

ここには、比叡山延暦寺《えんりゃくじ》の中枢である**根本中堂《こんぽんちゅうどう》**があり、大講堂・戒壇院《かいだんいん》・法華《ほっけ》総持《そうじ》院《いん》・浄土院《じょうどいん》（伝教大師廟《でんぎょうだいしびょう》）などの重要な施設が集中している。

この根本中堂は、最澄《さいちょう》が建てた一乗止観院《いちじょうしかんいん》をルーツとするものだが、織田信長《おだのぶなが》の攻撃で焼失し、現在の建物は徳川家光《とくがわいえみつ》の命によって再建されたもの。秘仏の薬師《やくし》如来の厨子《ずし》を中心とする内陣は、神秘と静寂の比類ない空間である。

比叡山延暦寺の根本中堂。
その内陣は神秘と静寂の比類ない空間だ

また、このエリアには豊臣秀吉が信奉していた**三面大黒天**《だいこくてん》（弁才天《べんざいてん》・毘沙門天《びしゃもんてん》・大黒天の合体仏）の小堂があり、ご利益《りやく》絶大とのことで、ぜひ参拝しておきたい。

表玄関の東塔とくらべて、森閑《しんかん》としているのが**《西塔《さいとう》》**だ。静謐《せいひつ》な森の中の釈迦《しゃか》堂や、常行《じょうぎょう》堂・法華堂などがあり、修行者たちの緊張感が伝わってくるようなエリアである。

そして、比叡山の最奥に位置する**《横《よ》川《かわ》》**には、高僧たちの霊跡が多く残る。

東塔や西塔からかなり離れた、参拝客もほとんど来ない寂寞《せきばく》とした一画であり、このエリアを歩くと、ちょっと怖くなるほどだ。

この横川のいちばん奥には、**比叡山三大魔所**の筆頭といわれる**元三大師御廟**《がんざんだいしみみょう》がある。ここは、叡山中興の祖ともいわれる元三大師良源《りょうげん》の墓所だが、修行者たちからは〝恐ろしい場所〟として畏怖されている。

良源は台密随一の超人で、鬼に変身することができたという。そのせいか、人間離れした異様な肖像画や像が伝わっており、鬼に変身した姿をお札にした**「角《つの》大師」**は、強力な魔除け札として今も横川で刷られて頒布《はんぷ》されている。

元三大師良源が鬼に変身した姿をお札にした魔除けの「角大師」

ちなみに、三大魔所の残り2つは、やはり横川のはずれの谷にある**慈忍和尚廟**《じにんかしょう》（慈忍は一つ目一本足の魔物となって今も山中を徘徊《はいかい》し、修行者たちを監視しているといわれる）、そして東塔の**天梯権現祠**《てんだいごんげんし》（天狗の棲《す》み処《か》といわれる）だ。

国宝の立体曼荼羅を擁する「東寺」（京都市南区／東寺真言宗総本山）

東寺というのは実は通称で、正式には**「教王護国寺《きょうおうごこくじ》」**という。

その名の通り、平安京が開かれた際に、桓武《かんむ》天皇が都の守りとして東寺・西寺を羅《ら》城門《じょうもん》の左右（東・西）に建てたのがはじまりだ（のちに西寺は衰退）。

その後、嵯峨《さが》天皇より空海に東寺が与えられ、東寺は日本最初の本格的な密教寺院として、全面的にリニューアルされたのである。

全国の真言宗の頂点に立つ寺なので、見どころは〝すべて〟と言っていい。

だが、なかでも密教的に重要なのは、寺の中心に位置する**講堂**だ。

ここには、空海が曼荼羅の世界を実物としてヴィジュアル化してみせた、見る者を圧倒してやまない仏像による**立体曼荼羅**があるからだ。

金剛界の五智《ごち》如来・五大明王・五大菩薩《ぼさつ》と、それらを囲む四天王《してんのう》・梵天《ぼんてん》・帝釈天《たいしゃくてん》の21尊からなるこの立体曼荼羅は、当時、絶大なインパクトを人々に与えたにちがいな

空海が嵯峨天皇より賜った東寺。
日本一高い五重塔、講堂の立体曼荼羅など見どころ満載

い。いや、今も息をのむほどのすばらしさだ。

また、日本一の高さを誇る約55メートルの**五重塔**も、ふだんは非公開だが、内部に塔の心柱《しんばしら》を大日如来に見立てた立体曼荼羅を有している。特別公開されることがあるので、時期を要チェック。

空海の住居であった場所に建つ御影堂では、毎朝6時に食事とお茶を空海に捧げる生身供《しょうじんく》を行なっている。これまた、空海が〝生きている〟存在であることを、儀礼によって示しているのだ。

この御影堂では、空海が唐からもたらした仏舎利《ぶっしゃり》（ブッダの遺骨）を頭と両手に授けてくれる法要を受けることができる。朝から参拝できる場所だ。

そのほか、注目しておきたいのは、西南の隅にある非公開の**灌頂院**《かんじょういん》（かつては宮中真言院で正月に行なわれた後七日御修法《ごしちにちみしほ》という最高秘儀を行なう場所）、北側にある子院の**観智院**《かんちいん》（密教教学の中心だった場所。期間限定で公開される本尊の五大虚空蔵《こくうぞう》菩薩は必見）、春と秋に公開される**宝物館**（6メートルの巨大な千手観音《せんじゅかんのん》、かつては羅城門に祀られていた国内最古の兜跋《とばつ》毘沙門天など貴重な霊宝が多数）など。

とにかく、日本密教の原点のような場所なので、ぜひ一度は訪れてみてほしい。

「台密の牙城」となった三井寺（滋賀県大津市／天台寺門宗総本山）

天台宗は、最澄の没後に内部対立を起こし、大きく2派に分裂する。

山門派（比叡山）……第三代座主《ざす》・円仁《えんにん》の門流
寺門派（三井寺）……第五代座主・円珍《えんちん》の門流

つまり、**円仁と円珍という2人の存在があまりに大きかった**ため、その弟子たちが師匠を敬愛するあまり、おたがいを敵視するようになってしまったのだ。

比叡山を下りた寺門派は、琵琶湖畔の山中に建つ三井寺を拠点とすることになった。これ以降、現在にいたるまで両者はたもとを分かったままだ。

さて、両者の教学のちがいはどうかというと、同じ天台なので顕密両教を学ぶのは共通するものの、明らかに三井寺のほうが、密教色が濃い。

これは寺門派が、伝統的に修験道《しゆげんどう》（山岳密教）を重視したことにもよる。

しかも、開祖である円珍の母は、なんと空海の姪《めい》でもあった。そんなサラブレッドの血のなせるわざか、円珍の霊力はすさまじく、その弟子たちが密教重視に流れるのは無理もないことだったろう。

三井寺というのは通称で、正式には園城寺《おんじようじ》という。しかしこれも東寺（教王護国寺）と同じで、通称のほうがはるかに有名だ。

しかも歴史は古く、創立者は飛鳥《あすか》時代の大友与多王《おおとものよたのおおきみ》という皇族だ。そんな古寺が、円珍が再興して以降は、完全な密教寺院となっていった。

広大な寺域を歩くと、ひときわ目立つのが本堂である国宝の**金堂**だ。ここの本尊は少し変わっていて「弥勒《みろく》如来」であるともいわれる。弥勒菩薩ではない。つまり、はるかな未来に地上に降りてきて仏となった弥勒の姿なのだ。

ただし、この像は完全秘仏で誰も実見した者がいない。

ついでに書いておくと、この三井寺は**国宝の黄不動尊《きふどうそん》（不動明王立像）**をはじめ多数の貴重な仏像・仏画を蔵しているが、そのほとんどが非公開で、参拝しても見ることができない。だが、たまに特別開帳や展覧会があったりするので、情報をチェックしておきたい。

奥の高台に建つ観音堂は、西国三十三所の第十四番札所《ふだしょ》で、琵琶湖を一望できる絶景が魅力。本尊は美しい**如意輪観音《にょいりんかんのん》**だが、もちろん秘仏（開帳は33年に1度）である。

修験道の総本山――聖護院と醍醐寺

（聖護院：京都市左京区／本山修験宗総本山、醍醐寺：京都市伏見区／真言宗醍醐派総本山）

修験道は、特殊な山岳修行によって即身成仏《そくしんじょうぶつ》を目指す密教の一流派である。

そして、当然のごとく、そこには天台系と真言系のちがいがある。

天台系の修験を、**本山派**《ほんざんは》（**聖護院**《しょうごいん》が本部）という。

真言系の修験を、**当山派**《とうざんは》（**醍醐寺**《だいごじ》が本部）という。

この両者は歴史的に激しく対立し、おたがいをライバル視してきた。

以下に、それぞれについて簡単に記しておこう。

聖護院というと、和菓子の八ツ橋や聖護院大根しか思い浮かばないかもしれないが、ここは京都有数の古刹《こさつ》で、しかも皇室系の門跡《もんぜき》寺院でもある。

もともとは、三井寺の子院として天台寺門宗に属していたが、のちに独立し、現在は本山修験宗の総本山という位置づけだ。

豊臣秀吉の「醍醐の花見」で有名な醍醐寺。境内は200万坪、国宝は7万5千点以上にもおよぶ。写真は国宝の醍醐寺金堂

かつては全国に2万の末寺《まつじ》をかかえ、一大修験集団を率いており、天皇の熊野御幸《くまのごこう》などもすべて聖護院の山伏が案内していたという。

現在でも修行者は、毎年、大峰山《おおみねさん》や熊野、葛城山《かつらぎさん》への奥駆け修行を行なっている。

また、歴代の法親王《ほっしんのう》たちが入寺したこともあって、山伏の荒々しいイメージとはうらはらに、狩野《かのう》派の襖絵《ふすまえ》などもあり、風雅な寺構えである。

以前は予約拝観できたが、現在は秋の特別公開のみにまとめているようだ。

一方の醍醐寺といえば、秀吉の**「醍醐の花見」**で有名だろう。

こちらは、真言宗醍醐派の総本山として、京都南東部の笠取山《かさとりやま》（醍醐山）に広大な寺域を有する巨大寺院である。

空海の孫弟子に当たる聖宝《しょうぼう》が開基で、山深い山上の上《かみ》醍醐と、ふもとの平地に広がる下《しも》醍醐という2つのエリアに分かれている。

下醍醐から上醍醐まではひたすら山道で、徒歩約1時間。さすがは修験の寺だと痛感させられる。足腰に自信のない人は車で上醍醐に行こう。

どちらのエリアも貴重な堂宇が多く、見るべきところはあまりに多い。

寺宝の数も破格で、国宝・重要文化財などを含めて15万点におよぶといわれ、霊宝館はとにかく貴重な仏像や仏画、工芸品や古文書だらけなので、何をおいても見ておいたほうがいい。

皇室とゆかりある京都の名刹群

皇族や摂関家の子弟が入寺して住職をつとめる寺を**「門跡寺院」**という。そして、その住職のことは**「門跡」**と呼ばれてきた。

天台宗・真言宗ともに、皇室とは縁が深く、そうした門跡寺院は多い。というよりも、門跡寺院のほとんどが天台系か真言系の寺なのだ。すでに紹介した三井寺や聖護院、醍醐寺なども門跡寺院だ。

ここでは、それ以外の有名どころを列挙しておこう。まさに〝**これだけは見ておきたい**〟**密教の名刹カタログ**でもある。

宇多天皇が開いた「御室御所」仁和寺（京都市右京区／真言宗御室派総本山）

洛西《らくせい》の**仁和寺**《にんなじ》といえば、『徒然草《つれづれぐさ》』などの古典にも登場し、修学旅行の定番の寺の一つでもあるので、その名を知らない人は少ないだろう。

だが、ここがバリバリの密教寺院であることには、ピンとこないかもしれない。現在は、真言宗御室《おむろ》派の総本山となっている。

仁和寺は、もともと宇多《うだ》天皇が創建した寺で、当初は台密の寺だったが、天皇が東密の僧を戒師《かいし》として出家したため、以後はずっと真言宗となった。

そして、出家後の宇多法皇が住職となり、ここは「御室御所」と呼ばれた。

寺宝が数多く、貴重な史料も少なくない。とりわけ有名なのは、国宝の絵画である**孔雀明王像**《くじゃくみょうおうぞう》だろう。まちがいなく日本一の名品である。

また、最近、内部が初公開された観音堂は、厳粛な儀式の場で何百年も一般の目にふれることはなかったが、鮮やかな色彩あふれる幻惑的な空間だ。

院政の舞台となった「嵯峨御所」大覚寺（京都市右京区／真言宗大覚寺派大本山）

時代劇の撮影などで有名な**大覚寺**《だいかくじ》も、真言宗の門跡寺院だ。

もともとは、平安初期に嵯峨《さが》天皇の離宮として建てられたが、天皇の信任を得た空海が離宮内に五大明王を祀ったのがルーツとされる。

嵯峨天皇の崩御《ほうぎょ》後、皇女が離宮を寺とし、淳和《じゅんな》天皇の皇子が初代の住職となった。そして鎌倉時代の後宇多天皇が出家して、この大覚寺で院政を行なったことで、「嵯峨御所」と呼ばれるようになったのである。

大覚寺は、『般若心経《はんにゃしんぎょう》』の写経道場としてもよく知られている。参拝者の写経体験もさかんで、空海が不動明王のように剣と縄を持って『般若心経』を講義する姿の「秘鍵大師《ひけんだいし》」像も有名だ。

なお、『平家物語』で有名なすぐ近くの**祇王寺**《ぎおうじ》は、この大覚寺の塔頭《たっちゅう》の尼寺で、あまりにも美しい苔庭の草庵《そうあん》は一見の価値あり。ぜひセットで拝観しておこう。

歴代天皇の菩提を弔う「御寺」泉涌寺（京都市東山区／真言宗泉涌寺派総本山）

皇室の宗旨は神道のみだと思っている人が多いだろうが、実はちゃんと菩提寺《ぼだいじ》もある。それが、真言宗泉涌寺《せんにゅうじ》派の総本山である**泉涌寺**だ。

ここは、門跡寺院ではなく、歴代天皇の冥福を祈り、菩提を弔《とむら》う寺なのだ。

1242年に四条《しじょう》天皇の葬儀を営んで以来、江戸時代末期までほとんどの天皇の葬儀がここで行なわれてきた。しかも多くの天皇陵がここに築かれ、皇妃や親王の陵墓なども含めて、全部で39基の陵墓がある。

そのせいか、この泉涌寺は敬意をこめて「御寺《みてら》」と呼ばれている。

真言宗の寺としてはめずらしく禅宗様式の仏殿があり、本尊も釈迦・阿弥陀《あみだ》・弥勒の三世仏《さんぜぶつ》（現在・過去・未来）で、天井には狩野探幽《たんゆう》による龍が描かれている。

ぜひ拝観しておきたいのは、大門の近くの小さな観音堂だ。ここに祀られている**南宋時代の聖《しょう》観音は、世界三大美人のひとり、楊貴妃《ようきひ》をモデルに造像**されたといわれる。

台密のエリートが集う「京都五箇室門跡」

京都市内には、天台宗の門跡寺院も多数あり、なかでも次の5カ寺は**「京都五箇室《ごかしつ》門跡」**として別格の存在である。台密のエリートたちが集《つど》う場ともいわれ、実際に訪れてみれば、これらがたんなる観光寺院ではないことがわかるだろう。

・**三千院**（京都市左京区）……**必見は国宝の阿弥陀三尊像**

洛北の三千院《さんぜんいん》は誰もが知る超有名寺院。美しい瑠璃光庭《るりこうてい》にたたずむ往生極楽院《おうじょうごくらくいん》の国宝の阿弥陀三尊像《そんぞん》は、一度は実見しておきたい。智証大師円珍の作といわれる秘仏の金色不動は4月のみの公開。

・**曼殊院**（京都市左京区）……**「小さな桂離宮」と称される**

左京区の曼殊院《まんしゅいん》は、北野天満宮を管理する別当寺《べっとうじ》だった。「小さな桂《かつら》離宮」と称される美しい庭が有名。三井寺のものの写しという仏画の黄不動（国宝）を所蔵。

・**毘沙門堂**（京都市山科区）……**台密の大法の一つを唯一継承**

静かな山科《やましな》の地に建つ毘沙門堂は、創建は古いものの門跡寺院となったのは江戸時代に天海《てんかい》が再興してから。台密の大法の一つ、鎮将夜叉法《ちんじょうやしゃほう》はこの寺のみに伝わる。紅葉の名所として有名で、門前の階段を埋め尽くす「敷きモミジ」は格別の光景。

・**妙法院**（京都市東山区）……**三十三間堂を擁する**

後白河《ごしらかわ》法皇の院政の地であった東山の妙法院《みょうほういん》は、1000体の千手観音で有名な三《さん》十三間堂《じゅうさんげんどう》を擁する。本坊（本尊は平安時代の普賢菩薩像）のほうは通常非公開だが、5月および春か秋に特別公開される。

・**青蓮院**（京都市東山区）……**親鸞の得度の地**

同じく東山の青蓮院《しょうれんいん》は、本尊が至高の尊格といわれる熾盛光如来《しじょうこう》（像はなく、ボロン字の掛軸）。国宝の青不動が有名で、親鸞《しんらん》の得度《とくど》の地としても知られ、境内の巨大なクスノキは親鸞の手植えのものと伝わる。

日本各地の密教霊場

ここまで代表的な密教寺院をいくつか紹介してきたが、もちろんほかにも日本各地に名刹・古刹は数多く存在する。
そのなかから、関東の本山級寺院と、関西・四国の巡礼霊場を紹介しておく。

関東の三大師と本山クラスの大寺

関東では、初詣でなどでにぎわう**「三大師」**と称される大寺院がある。

川崎大師（平間寺《へいけんじ》。神奈川県川崎市／真言宗智山《ちさん》派大本山）

西新井大師《にしあらいだいし》（總持寺《そうじじ》。東京都足立区／真言宗豊山派《ぶざんは》）
佐野厄《やく》よけ大師（惣宗寺《そうしゅうじ》。栃木県佐野市／天台宗）

このうち、川崎大師と西新井大師は真言宗なので、当然、大師といえば弘法大師なのだが、佐野厄よけ大師は元三大師を祀っている。

ともあれ、関東では、天台宗よりも圧倒的に真言宗の寺のほうが多い。

それも、なぜか古義《こぎ》系（高野山や東寺など）より新義《しんぎ》系（智山派や豊山派）の有力寺院が目立つのだ。

右記以外の関東の有名な密教寺院をざっとあげておこう。どこも歴史があり見どころ満載の寺なので、もしも近くにお住まいなら一度訪れてみてはいかがだろうか。

成田山新勝寺《しんしょうじ》（千葉県成田市／真言宗智山派大本山）
高尾山薬王院《やくおういん》（東京都八王子市／真言宗智山派大本山）
高幡不動尊《たかはたふどうそん》（東京都日野市／真言宗智山派別格本山）
護国寺《ごこくじ》（東京都文京区／真言宗豊山派大本山）

深大寺《じんだいじ》（東京都調布市／天台宗別格本山）

西国三十三所観音霊場

関西には、日本最古の霊場めぐりとして有名な**「西国**《さいこく》**三十三所」**がある。これは、とくに密教がテーマの巡礼をするわけではなく、観音の力によって罪を浄《きよ》め、来世に地獄に堕ちないようにするためのものである。

ただ、三十三カ寺のほとんどが天台系か真言系で、関西の由緒ある古寺名刹がズラリと並んでいるので、密教の寺院めぐりには都合がいいわけだ。

問題は、やたらに範囲が広くて、とても短期間では全部まわれないことで、おそらく何度かに分けてまわっても数年がかりになってしまうだろう。

どの寺も雰囲気があっていいが、私のオススメは**長谷寺**《はせでら》・**青岸渡寺**《せいがんとじ》・**石山寺**《いしやまでら》・**善峯寺**《よしみねでら》・**圓教寺**《えんぎょうじ》・**宝厳寺**《ほうごんじ》あたりだろうか。すでに紹介した**醍醐寺**と**三井寺**もいい。

ただし、本尊の観音像はほとんどが秘仏で（秘仏でないのは三十三カ寺のうち5カ寺のみ）、開帳の機会はきわめてまれである。

四国八十八カ所霊場

日本で最も人気の巡礼道は、なんといっても**「四国八十八カ所」**だろう。

ここは空海ゆかりの霊場で、巡礼者は〝お遍路《へんろ》さん〟と呼ばれ、白装束に**「同行二人《どうぎょうににん》」**と書かれた笠をかぶってまわる。

これは、「空海と二人で巡礼する」という意味で、たとえ独りきりで歩いていても、つねにお大師さんが見守ってくれているということなのである。だから、すべてまわり終わったあとは、必ず高野山奥之院にお礼参りに行くのが本式だ。

換言すれば、これは空海が今も〝生きて活動している〟ということであり、実際に、「巡礼中にお大師さんの姿を見た」とか「会って話しかけられた」などという不思議な体験談はあとを絶たない。そもそもお遍路の元祖は、極悪人の衛門三郎《えもんさぶろう》という人物で、空海に会ってわびるために四国の寺をめぐりはじめたのだという。

また、**礼所の順番を逆にめぐる「逆打ち」は大願成就の効果がバツグン**とされており、とくに閏《うるう》年に逆打ちを達成すると、ご利益が3倍になるともいわれている。

コラム

仏たちを1字であらわす「梵字」の呪力

密教の寺院でよく見かける不思議な形の文字を、**梵字**《ぼんじ》という。

これははたして何なのかというと、**古代インドのサンスクリット語（梵語）を文字化したもの**なのである。

仏教が成立したころ、聖典はすべて口伝で伝えられていた。つまり、最初は音声のみだったものに形を与えたものが、すなわち梵字ということになる。

なぜ「サンスクリット」を「梵語」と訳したのかというと、古代インドでは、言語は創造神ブラフマー（梵天）がつくったものとされているからである。

さて、密教の経典も最初はもちろん梵字で書かれていた。それを中国で漢文に訳したわけだが、その際、神秘的な唱え文句（真言＝呪文）の部分だけは、言葉の意味を訳さずに、梵語をそのまま音写している（30ページ参照）。

それはなぜかと言うと、〝音こそが重要〟だからだ。

空海は、そのことをこのように書いている。

「五大にみな響きあり　十界《じっかい》に言語《ごんご》を具《ぐ》す　六塵《ろくじん》ことごとく文字《もんじ》なり」

この世のすべてのもの（五大）にはそれぞれ音があり、全宇宙に言語をもたらしている。だから、**あらゆるものは文字そのものでもある**、と。

つまりそれは、**仏でさえも文字そのもの**だということでもある。

だから密教では、あらゆる仏や菩薩、明王を一つの梵字であらわすのだが、たとえば上掲の梵字は、不動明王をあらわす「カーン字」とよばれるものだ。そして、こうした梵字は、秘密修法《しゅほう》に使われる。それは、

不動明王をあらわす梵字（種字）
「カーン」字

梵字を通して、さまざまな仏尊の本質に迫れるからだ。

ちなみに、仏を1字であらわす場合の梵字を**「種字《しゅじ》」**と称し、種字だけで構成された種字曼荼羅も存在している。

5章

日常性を超えていく「驚くべき修行法」

……〝内なる世界〟を呼び覚ます「仕組み」

「入門編」の行法

密教修行の3つの基本「口密・身密・意密」

これまでは、ほとんど「密教はすごいぞ」とか「密教は妖しいぞ」というようなことしか書いてこなかったかもしれない。

それにはいろいろな理由があって、一つには密教が難解すぎるからであり、また密教は秘密の教えなので、つっ込んだことが書けないからでもある。

最初に書いたように、密教というのは、仏教の〝ウラの教え〟である。

だから、きちんと修行した人にしか、ほんとうのことを教えてはいけないことになっているのだ。

それは、密教の力があまりに強力であり、いいかげんな人間に授けてしまうと、自分勝手な欲望のためにその力を悪用して、場合によっては世界を滅ぼしてしまいかねないからだ。

「なにを大げさな！」と思う読者もきっと多いだろうが、少なくとも密教の行者たちはみんな真剣にそう思っているはずだ。

密教の修行は、人間の五感をすべて使って行なうものだ。

それは逆に言うと、**修行によって五感のすべてが変容してしまう可能性がある**ということでもある。

今まで当たり前に感じていたことが、ガラリと変わってしまう。

密教修行をすべて終えた者は、風も、水も、火も、大地も、すべて異なるものに見え、感じるようになってしまうだろう。

ひと言で言えば、通常の人間ではなくなってしまう行法なのだ。

なぜならば、**密教の目標とは、仏の心と身体を獲得すること**だからである。

その基本となる修行は、次の3つの秘密の要素からなる。

◆口で真言《しんごん》（仏の言葉）を唱えること……………口密《くみつ》
◆手で秘密の印（仏の所作）を結ぶこと……………身密《しんみつ》
◆心に本尊（仏の姿）を思い描くこと……………意密《いみつ》

要するに、これらを組み合わせて修行を行なうことで、仏そのものに〝同調〟せよ、というのだ。

もちろん、それが簡単なことでないことはすぐわかるだろう。

それにくりかえすが、そうした秘密の修法《しゅほう》は、きちんと修行して師僧から許可を受けた者でなければ伝授されないことになっている。

しかし、それがおおよそどういうものであるのかを知っておかなければ、先に進みたくとも進めないので、あらかじめ知っておくこと自体は重要だ。

だから本章では、どうすれば密教僧になれるのかを、ざっと説明しておこう。

大日如来と一体化する《阿字観》の瞑想

まずは、基本中の基本となる**「阿字観《あじかん》」**である。

アジカンというと、若い人はアジアン・カンフー・ジェネレーションというロックバンドを想起するらしいが、もちろんそんなはずはない。

阿字とは、梵字《ぼんじ》のア字のことで、万物の始原、つまり世界の最初の音だ。

人は「ア」と言って生まれてきて、「ウン」と言って死ぬのだという。

神社の狛犬《こまいぬ》やお寺の仁王《におう》像が「阿」と「吽《うん》」に分かれているのは、世界のはじまりと終わりを象徴するものでもあるからだ。

その最初の音である「ア」の梵字は、大日如来《だいにちにょらい》をあらわす種字《しゅじ》でもある。

阿字観とは、そのア字（大日如来）を本尊として観想する行法なのである。

以下に、そのおおよそのやり方を記そう。

道場に入ると、自分の前には**阿字観の本尊の掛け軸**がある。**白い円（月輪《がちりん》）の中に、**

蓮の花にのったア字が描かれているものだ。

道場内はロウソクの明かりだけで、薄暗いなかに白く本尊が浮かび上がっている。

まず、本尊に五体投地《ごたいとうち》をしながら床に頭をつけて3回礼をする。

本尊に向かって、座ブトンにあぐらで座り、右足を左ももの上にのせる。

両手を足の上に置くようにして、**法界定印**《ほっかいじょういん》という印を結ぶ。この印は、胎蔵界《たいぞうかい》大日如来の印だ。

そして、目を半眼にし、鼻から息を吸い、ゆっくり呼吸を整える。

静かに目を閉じるが、眼前にそのまま月輪があるかのように思い浮かべる。

月輪のイメージがくっきり脳裏に映じた

ら、それを自分の胸の中にゆっくりと引き寄せていく。

　このとき月輪は立体的であり、まるで水晶の玉のようだ。そして、その玉はどんどん大きくなり、すっぽりと身体を包むほどにまでなる、と観想する。

　自分の座っている座ブトンはいつしか蓮華《れんげ》となり、自分自身はア字と一体となっている。

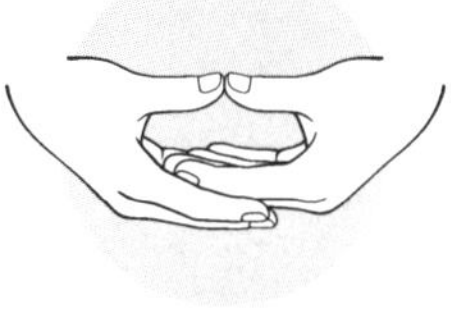

法界定印

　すると、心がとてつもなく清浄になってくる。

　しばらくその清浄な感覚を体感してから、こんどは月輪を小さくしていき、ふたたびもとの掛け軸にゆっくりと戻していく。

　そして目を閉じたまま深呼吸をして、両手を頭上に上げ、両掌《りょうてのひら》で頭から身体までをなで下ろしていく。静かに目を開けて、仏に感謝し、行は終了である。

　いかがだろう。密教の観想法の基本がこのなかにあるが、**阿字観は一般人でもできる行**なので、密教寺院にてぜひ体験してみてほしい。だが、基礎の行とはいえ危険なこともないとはいえないので、必ず正式な僧の指導のもとに行なうこと。

仏と縁を結ぶための《結縁灌頂》

密教の入門者として、最初に受けておかなければならないのが、**「結縁灌頂《けちえんかんじょう》」**だ。

灌頂とは、簡単に言うと、「秘密の法を伝授した証となる儀礼」のことである。

これは、古代インドの王の即位式で、王となった者の頭頂に四海からとった水を灌《そそ》いで、世界の統率者となったことを示す儀式を起源としている。

密教では、これを**「大日如来の智慧の水」ととらえ、修行者の頭頂に灌ぐ**ことになっているのだ。非常に重要かつ神秘的な儀礼で、灌頂を受けていない者は絶対に法を授かることができない。

灌頂にはいくつか種類があるが、結縁灌頂はそのうちの最初の段階のもので、自分の主尊となる仏との縁を結ぶためのものだ。

これも以下に、ざっくりとではあるが、どういうものか説明しておく。

堂内の控えの間にて、導師の僧からまず三昧耶戒《さんまやかい》という密教の戒を授かる。

そして、入壇《にゅうだん》のための印と真言が伝えられ、いよいよ灌頂の間へと進む。

この灌頂の間は、外部から遮断された空間で、中央に巨大な曼荼羅《まんだら》が敷かれた大壇がしつらえられている。明かりはロウソクのみで非常に暗い。

ここで、わたされていた白い紙により目隠しがされる。これ以後は、何も見えないまま僧に導かれつつ進まねばならない。

胸の前で普賢菩薩《ふげんぼさつ》の印を結び、両中指の先で樒《しきみ》の葉をはさみ持ち、「オン・サンマヤ・サトバン」と普賢菩薩の真言を唱えつづけながら闇のなかを歩むのだ。

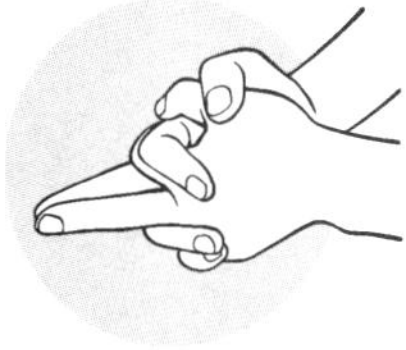

普賢菩薩の印

思ったよりも長く歩かされるため、次第に感覚がマヒしてくるともいう。

そして、大壇に敷かれた胎蔵界曼荼羅の前まで来ると、**「投華《とうけ》!」**と声がかかる。

ここで、持っていた樒の葉を曼荼羅の上に投げ落とす(本来は花を投げた)。

このとき、葉の落ちた場所の仏と縁が結ばれる（投華得仏《とくぶつ》）というのだが、現在ではどこに落ちても「大日如来！」と答えられることになっている。

その後、目隠しをとり、堂内の隅にある衝立《ついたて》の奥にて、宝冠をかぶせられ、導師の阿《あ》闍梨《じゃり》から頭頂に水が灌がれるのである。

これは胎蔵界の灌頂だが、もちろん金剛界《こんごうかい》の灌頂もある。

ちなみに、**空海《くうかい》は唐の国で最初に結縁灌頂を受けたとき、胎蔵界でも金剛界でも、ほんとうに中央の大日如来のところに華（花）が落ちた**という。居並んで見守っていた恵果《けいか》の弟子たちが、思わずどよめいたというのだ。

この結縁灌頂は、本山クラスの寺院などで定期的に開かれている。在家の信者でも受けることができるので、機会があればぜひ受けておきたい。

記憶力を増大させる《虚空蔵求聞持法》

入門編の最後に、空海が〝覚醒《かくせい》〟する契機となった修法である、**「虚空蔵求聞持法《こくうぞうぐもんじほう》」**について書いておこう。

現在の真言宗では、この求聞持法は「八千枚護摩供《はっせんまいごまく》」とともに難行とされており、密教僧になって7～8年程度の者では、行に入ることが許されないという。

実際、とてつもなく過酷な行であり、中途半端な気持ちでこの行を修することは、命に関わる事態を引き起こしかねないからだ。

だが本来、この求聞持法は非常にシンプルな構造の行法であり、空海も唐で灌頂を受ける前に修していることを考えると、本格的な密教修行に入る前のウォーミングアップになると言えなくもないはずだ。

もちろん、初心者が修することは不可能だろうが、「修行の覚悟を知る」という意味で、密教を学ぶ人は参考のために読んでおいていただきたい。

まず虚空蔵菩薩の画像を用意する（次ページ参照。本来は、行者が自分で描く）。これを小堂に安置して、専門の求聞持堂とする（東の壁に小窓が必要）。壇を築いて、護身法《ごしんぽう》（251ページ参照）を行なってから、自分の周囲に結界を張る。

虚空蔵菩薩を本尊とする観想法を行ないながら、求聞持法の真言を唱える。その真言は次の通りで、これを100万回唱える。

「ノウボウ・アキャシャ・ギャラバヤ・オン・アリキャ・マリボリ・ソワカ」

以上が、修法のほぼ全貌《ぜんぼう》なのだが、問題は唱える真言の回数だろう。期間は100日もしくは50日と決まっているので、**1日に1万回もしくは2万回**唱えなければならない。この回数は絶対厳守で、1回でも足らなければすべて無効となる。しかも、行が達成するまで誰にも会ってはならず、食事の制限もある。着るものは生成《きな》りの浄衣《じょうえ》のみで、寝るときも帯を解いてはならないというのだ。

つまり、極度の孤独と栄養失調と睡眠不足のなかで、ひたすら真言を唱えつづけ、本尊に向き合いつづけなければならないのである。

こんな過酷な行が、心身になんの影響も与えないはずがない。

実際に、途中で挫折してしまうケースは非常に多いらしく、過去には精神に異常をきたしたり、亡くなったりした者も少なくない。

だが、このシンプルで過酷な虚空蔵求聞持法には、修行というものの〝本質〟が刻印されているということを、入門者は肝《きも》に銘《めい》じておく必要があるだろう。

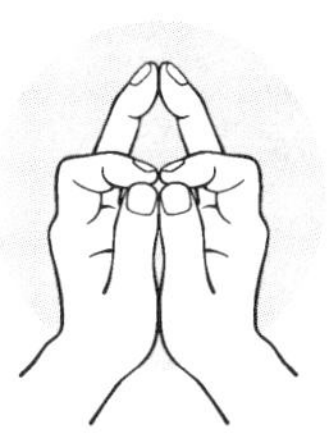

虚空像菩薩の印

密教僧（阿闍梨）になるための行法

出家修行者への道——「四度加行」とは何か

さて、ここからは、密教僧となるためにはどんな修行を積まねばならないか、ということを解説していこうと思う。

つまり、本格的な出家修行者への道というわけだ。

仏教では、出家して僧になることを「得度《とくど》」という。

これは「度を得る」ということだが、「度」とは、生死を超えた悟りの世界に入ることをいう。梵語（古代インドのサンスクリット語）だとパーラミター（波羅蜜多《はらみた》）だ。密教では次の順序で、僧になるためのステップを踏んでいく。

①**得度**……師となる僧に入門し、剃髪する
②**誓願**《せいがん》……5つの誓いを立てる（五大願《ごだいがん》を唱える）
③**受戒**《じゅかい》……10種の禁止事項を授かる（十善戒《じゅうぜんかい》を受ける）
④**結縁灌頂**……自分の守護仏と縁を結ぶ

ここでようやく密教修行のスタートとなる。険しい道のりのはじまりだ。

密教では、一人前の僧となるために、4つの加行《けぎょう》（準備の行）を完全にマスターしなければならない。

これを**「四度加行」**《しど》という。度は、得度の度と同じ意味だ。

宗派や流派によって修める順序は異なるが、おおよそ次の通りである。

⑤**十八道行法**《どうぎょうほう》……18種の印と真言の行法
⑥**金剛界行法**……金剛界曼荼羅の行法
⑦**胎蔵界行法**……胎蔵界曼荼羅の行法

⑧護摩行法……護摩の焚き方と行法

このそれぞれの行法を各25日間ずつ、計100日間かけて、すべての細かい所作までを完全に覚えなければならない。

そして、すべてをマスターし終えた者だけが、最後の段階に進める。

⑨伝法《でんぽう》灌頂……阿闍梨の位を得て、師僧から秘密の印と真言を授かる

これが、**即身成仏《そくしんじょうぶつ》にいたるための9つのステップ**というわけだ。

なかでも⑤～⑧の「四度加行」こそが、真に重要なものであることはいうまでもない。そして⑨の伝法灌頂を受けてはじめて、密教のさまざまな秘伝を授かる資格が得られたことになるのだ。

江戸時代以前は、四度加行を1000日間かけて行なっていた。しかも40歳より若い僧侶には決して伝法灌頂を受けさせなかったという。

それだけ、阿闍梨という位は重いものであり、すぐれた知恵とたゆまぬ修練が必要

であったということだろう。

それでは以下に、四度加行の具体的な内容を、ごく簡単に説明していこう。

基本の印と真言を学ぶ《十八道行法》

最初の**「十八道行法」**では、基本中の基本となる18の印と真言の使い方を徹底的に学ぶことになる。

これがなぜ基本かというと、**本尊を呼び出すための方法**だからだ。

阿字観のところでも少しふれたが、本尊というのは、まず自分の近くにまで〝お迎え〟するものなのである。

本尊の仏を眼前にまず呼び出して（そのように観想して）、これを接待し喜んでもらってから、ふたたび仏の世界に送り返す、というのが密教の供養法だ。

そのやり方は、次のような6段階になっている。

荘厳《しょうごん》行者法……行者の身体と心を清浄にする（5つの印と真言）

結界法……身の回りに清浄な空間をつくる（2つの印と真言）
荘厳道場法……本尊をお迎えする道場をつくる（2つの印と真言）
勧請法《かんじょう》……本尊をお迎えする（3つの印と真言）
結護法《けちご》……道場の内外を強固なものにする（3つの印と真言）
供養法……本尊を供養し、お帰りいただく（3つの印と真言）

これら計18の印と真言の所作を、完全無欠に暗記して、いつでもどこでも即座に行なえるようにならなければならない。

だが、これがまた、とてつもなくたいへんなのだ。

なにしろ、それぞれの所作が複雑で、なかにはかなり長い真言もあり、どの印とどの真言がセットなのかゴチャゴチャになってしまったりもする。

ほんとうに、こんなことを空《そら》でスムーズに行なえるようになるものなのか、と誰もが気が遠くなってしまうらしい。

さらに言えば、毎日これらの行に入る前には、五体投地をして真言を唱える礼法《らいほう》を行なわねばならず、坐法から呼吸法まで、覚えることは山ほどもあるのだ。

四度加行の最大のヤマ場「両界曼荼羅の行法」

十八道行法を完全にマスターできたら、次に**「曼荼羅の行法」**に入る。

密教で最も重要な法具は、曼荼羅である。

序章でも書いたように、曼荼羅のない密教寺院は存在せず、とにかく曼荼羅といえば密教と言っていい。

そして、そのうちの最も重要なものが、**金剛界と胎蔵界の両界曼荼羅**（口絵カラーページ参照）である。

この2つの曼荼羅は、それぞれが「大日如来の悟りの世界」を表現しているもので、あえてわかりやすく言えば、**金剛界はその悟りの時間的な意味**を、**胎蔵界は悟りの空間的な意味**を示している。あるいは、**金剛界は男性原理的**であり、**胎蔵界は女性原理的**である、という言い方もできるかもしれない。

ともかく密教を学ぶ者は、この両界曼荼羅の世界観を徹底的に理解し、それぞれの行法を完全に修得しなければならない。

言ってみれば、ここが四度加行の最大の〝ヤマ場〟だ。流派にもよるが、真言系は金剛界行法から入ることが多く、天台《てんだい》系は胎蔵界行法から入ることが多いという。

ここでは、金剛界行法から解説していくことにしよう。

9つの世界を順次観想する《金剛界行法》

金剛界曼荼羅は、『**金剛頂経**《こんごうちょうぎょう》』**にもとづく曼荼羅**で、**全体が9つの世界**に区切られている。

このうちの中央ブロックを「**成身会**《じょうじんね》」と称し、やはり大日如来の悟りを示している。

こちらの大日如来は、胸の前で**智拳印**《ちけんいん》を結んでいる。

この成身会は、まずその下のブロックに変容し、以下順次、ぐるっと時計回りに変容していって、最後に右下のブロックにいたる。

これは、如来の悟りがいくつもの段階を経て、ようやく人間に理解しやすいレベルにまで降りてきたことを意味する（向下門《こうげもん》）。

◎金剛界曼荼羅の構成

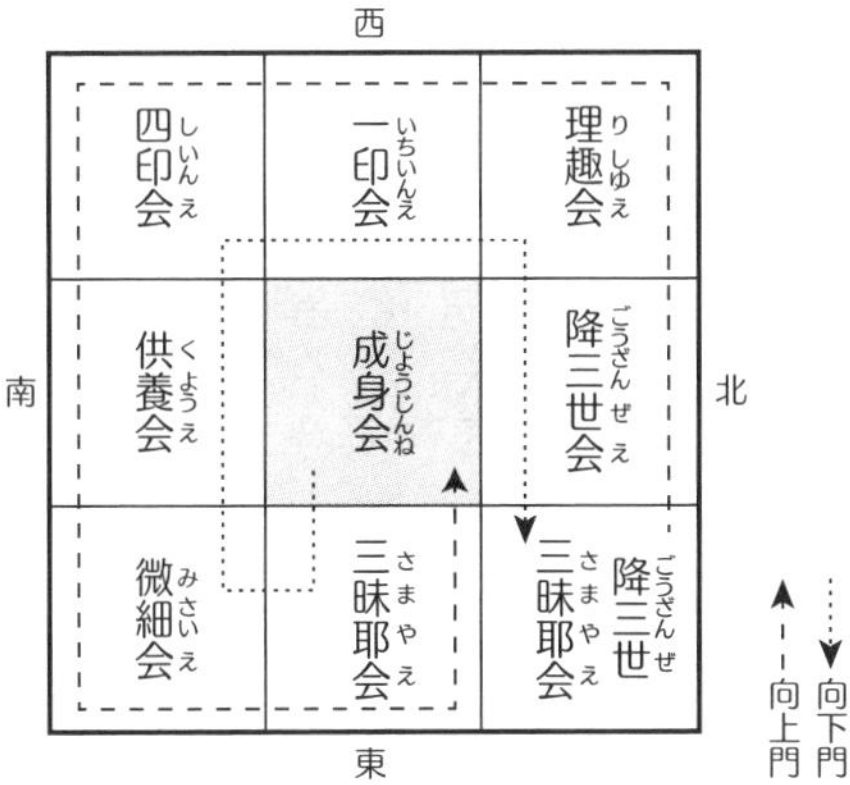

密教の修行者は逆に、まず右下のブロックの仏たちを観想して、それを順次脳内で変容させていき、最後に成身会の悟りの状態に行き着けるように、自分の意識をじょじょに大日如来に近づけていくのである（向上門）。

各ブロックに大日如来が描かれているが、右上の**「理趣会《りしゅえ》」**だけは描かれていない。代わりに、密教の第二祖にして修行者の象徴でもある金剛薩埵《こんごうさった》が愛欲の女尊《にょそん》に囲まれている。つまり、前述した通り（53ページ参照）、**金剛界曼荼羅では、悟りへの階梯《かいてい》のなかに〝欲望の肯定〟が秘められている**のである。

金剛界行法は8つの段階に構成されており、十八道行法の応用などが複雑に織り込まれてもいる。

ここでは、非常に高度な意識のコントロールを要求される。

なかでも重要なのは、**「五相成身観《ごそうじょうしんかん》」**という観想法によって、大日如来の智慧を体現する存在である金剛薩埵と一体になることだ。

これは、ある意味で即身成仏を擬似的に成就させることでもある。

そして、観想によって金剛薩埵身となった行者は、みずからの心の中に、広大な曼荼羅宇宙そのものを浮かび上がらせ、須弥山《しゅみせん》の山頂にそびえる諸仏の宮殿や楼閣に歩み入っていくのである。

つまり、ここで修行者は本格的な**〝神秘体験〟を味わう**ことになるのだ。

仏の大宇宙と融合する《胎蔵界行法》

胎蔵界曼荼羅は、**『大日経《だいにちきょう》』にもとづく曼荼羅**で、**大日如来を中心に放射状**に上下

◎胎蔵界曼荼羅の構成

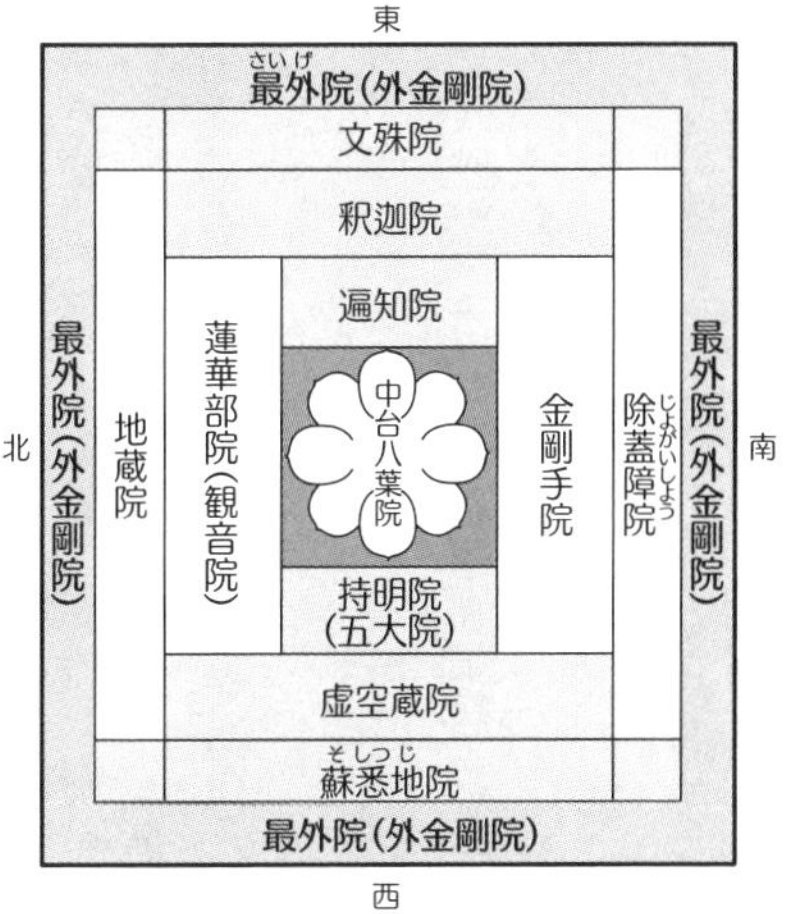

左右に仏尊が並んでいる。

大日如来は**「中台八葉院《ちゅうだいはちよういん》」**という名前の蓮の花の中央に描かれていて、8葉の花びらには、大日如来の分身である4体の如来とそれを補佐する4体の菩薩が描かれている。この**蓮の花が、大日如来の悟りの世界**だ。そして、この大日如来は、両手をひざの上にのせて**法界定印**を結んでいる。

中台八葉院の上部には釈迦《しゃか》や文殊《もんじゅ》の世界が、下部には明王《みょうおう》や虚空蔵の世界がある。また、向かって左側には慈悲をあらわす観《かん》音《のん》や地蔵《じぞう》の世界が、向かって右側には智慧を意味する菩薩たちが並んでいる。

つまり、大日如来の分身が上下左右に展開していくうちに、慈悲になったり智慧になったりするというわけだ。

そして外周部分には、仏教の守護神などがちりばめられている。

10段階からなる胎蔵界行法では、心の中にこの胎蔵界曼荼羅そのものを現出させて、その内部に深く入り込んでいく。

まさに巨大な曼荼羅の中を一歩ずつ歩んでいくように瞑想するのだ。ヴァーチャルな3Dゲームに近い感覚と言ったらいいだろうか。

仏たちの神聖な空間を歩むことによって、修行者の心から煩悩や魔が取り除かれていく。そして、曼荼羅の仏尊たちと一体化する感覚を得ていくのだ。

ここで重要なのは、「**五字厳身観**《ごじごんしんかん》」という観想法によって、大日如来と同等の感覚を自分の身体に植えつけていくことである。

五字とは、**ア・バ・ラ・カ・キャの5つの梵字**のことで、これを**それぞれ自分の腰・へそ・胸・眉間**《みけん》**・頭頂にあてはめていく観想**のことで、これらの五字は地水火風空の五大（世界そのもの）の象徴であり、つまり大日如来でもある。

これによって、みずからの身体が清浄化されたことになる。要するに、曼荼羅の中に入り込むパスポートを得たことになるわけだ。

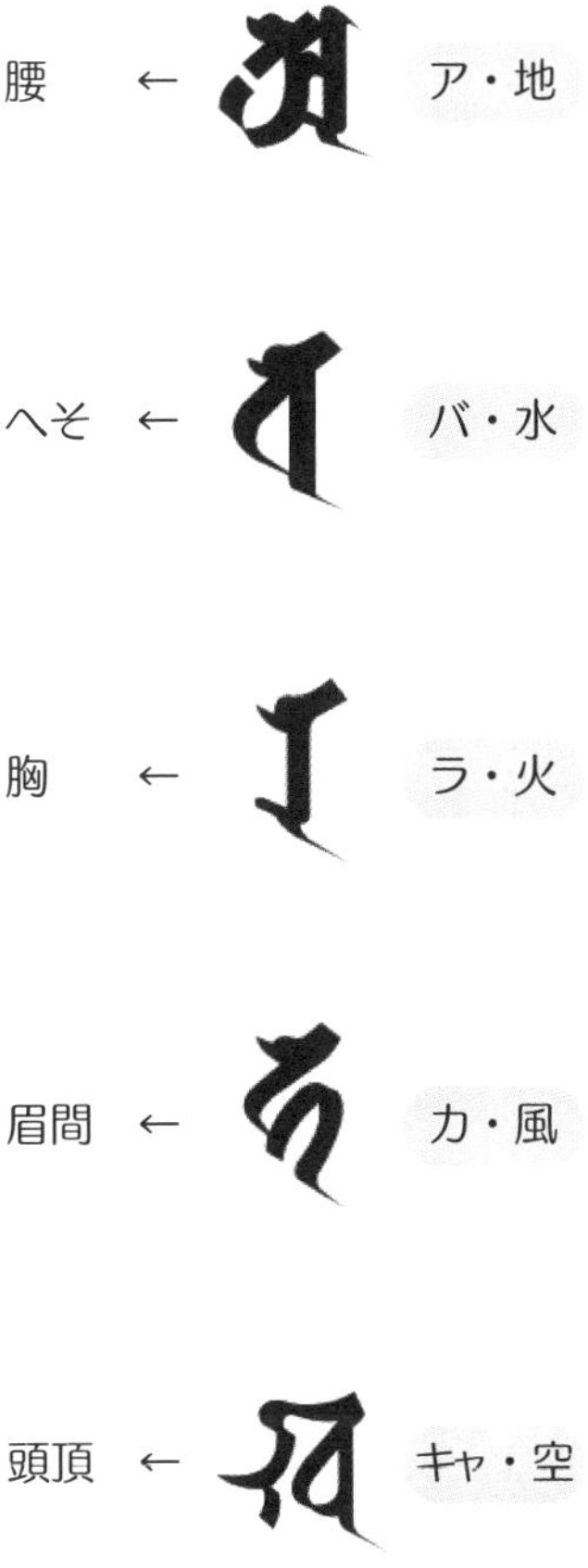

不動明王を本尊とする《護摩行法》

メインとなる曼荼羅の行法をすべて学び終えたら、いよいよ四度加行の最終階梯《かいてい》（段階）である**「護摩行法」**に進むことになる。

護摩とは、サンスクリット語のホーマ（供犠《くぎ》）で、古代バラモン教の火の儀式が密教に取り入れられたものだといわれる。

もともとは、祭壇の炉に火をおこし、これに供物《くもつ》を投じることによって、その火煙が天界の神々の口に届き、願いごとがかなう、というものだった。

だが、密教の護摩では、焚かれる護摩木は人々の煩悩であり、火は大日如来の智慧であるととらえる。

そして、願いごとの種類によって、次のように4種に分かれている。

・**息災《そくさい》護摩**（災いを取り除く）
・**増益《ぞうやく》護摩**（幸せや利益を増やす）

・敬愛《きょうあい》護摩（上位者や異性の愛顧を得る）
・調伏《ちょうぶく》護摩（敵や魔物をやっつける）

4種それぞれ護摩炉の形がちがうのだが、現代では「呪い」に通じるとして調伏護摩は焚かれることがなく、そのための三角形の炉だけは使用されないという。

護摩行ではさまざまな仏尊を本尊とするが、なかでも最も一般的なのが**不動《ふどう》護摩**、つまり**不動明王を本尊とする護摩**だ。

燃え上がる火は大日如来の智慧とされている

なんといっても不動明王は大日如来の化身（教令輪身《きょうりょうりんじん》。やさしく穏やかな姿では教化しがたい衆生に対して現す怖い姿）であり、最強の仏尊だからである。

さて、護摩法は5段階からなる。

その中心となるテーマは、**護摩の**

智慧の火でもって煩悩を焼き尽くすことにある。

修行者はまず火天《かてん》を呼び出し、これを供養することによって、その加護を祈る。

さらに本尊の不動明王を呼び出し、本尊の〝火生三昧《かしょうざんまい》〟の力によって、みずからの罪障《ざいしょう》と煩悩を徹底的に焼き滅ぼすのだ。

もちろん、護摩の炎はそれだけではなく、迷える衆生の災いを払いのけ、福を呼び、あらゆる魔を滅尽《めつじん》する力をもつ。

つまりこの段階は、エキスパートの行者になるための実践編なのである。

最後に《伝法灌頂》を授かり阿闍梨となる

ここまで、かなりの駆け足で「四度加行」を概観してきたが、実際にそれぞれの行をマスターするのは、想像を絶するほどたいへんである。

とにかく各段階にはおびただしい数の印と真言の所作があり、これを一つひとつ完璧に覚えなければ先に進めない。一日の終わりには必ずテストがあり、暗記できていなければ、できるまでやらされるのだ。

しかも修行期間中は、道場内外の掃除や、日々の勤行《ごんぎょう》などは当然しなければならない。もちろん時間厳守だ。道場によっては、毎日の食事（精進料理）も自分たちでつくらねばならない。

栄養失調と睡眠不足で倒れる者もいる。途中で挫折する者も少なくない。

だが、それにめげることなく、この四度加行のすべてを完遂《かんすい》した者は、ついに「伝法灌頂」を受ける資格を得るのである。

この**伝法灌頂は、結縁灌頂とちがって一般に公開されることはない**。

どのようなことをするのかも、基本的には、すべて秘密である。

伝法灌頂を受けた者は、それを他言してはならない決まりになっているのだ。

それは、**すべてを学び終えた者にだけ、最後の秘密が明かされる**からだ。

修行者は、まず密教の三昧耶戒（4つの禁戒）を授かる。

そして、金剛界と胎蔵界の灌頂を順次行なうのだが、それぞれの最後に〝秘密の印と真言〟を師から伝授される。

この、金剛界と胎蔵界の秘密の印と真言は、言ってみれば、今まで学んだことを実現できるパワースイッチのようなものだろう。

師からはあらためて、頭頂に如来の法水《ほうすい》が灌《そそ》がれる。

これにて、ついに修行者は阿闍梨、すなわち一人前の密教僧となるのである。

さまざまな実践秘法

「四度加行」の先にあるエキスパートたちの世界

阿闍梨になったからといって、それですべてが終わったわけではない。

むしろ、これでやっとスタートラインに着けたというほうが正しいだろう。

なにしろ、基礎行をようやく学び終えただけの段階なのだから。

これからは応用編であり、経験を積んで、真の密教僧になっていくわけだ。

密教にはさまざまな実践行法があるのだが、その一つひとつには、さらに覚えなければならない秘伝が山のようにある。

また、さまざまな法の流派も存在し、どの師匠につくかによっても、まったくちがった未来が開けていくことにもなる。

なかには、一つの法にだけ特化してそれをきわめている師もいれば、総合デパートのようにあらゆる秘法を取りそろえている師もいるだろう。

彼らは、それぞれの修法のマエストロであり、エキスパートと言っていい。

いずれにしても、師について学ばねば、それより先には進めないのだ。

たとえば、先に紹介した阿字観（209ページ参照）でも、達人の領域になると、みずからの内に引き寄せた阿字の月輪をどんどん巨大化させて、地球大、さらに宇宙大にまで拡大できる僧がいるという。

虚空蔵求聞持法（215ページ参照）でも、これを実際に達成して神秘を体験し、心身に変容の刻印をきざんだ僧がいるはずだ。そんな僧はいったい何を語るだろう。

また、毘沙門天《びしゃもんてん》法ならこの人をおいてほかにいないとか、誰々さんは大黒天《だいこくてん》法をきわめ尽くした人だとか、あそこの先生は大聖歓喜天《だいしょうかんぎてん》の専門行者だ、などというのは、密教界では日常会話のようによく聞く話だ。

あるいは、さらなる超常的な力を求めて、山岳に分け入り修験者《しゅげんじゃ》となっていく僧たちもいる。

そうしたエキスパートの僧たちは、決して秘境のような山奥ばかりに住しているわけではなく、意外と身近な場所にいて、ごくふつうの平凡な僧侶のふりをしながら、人知れず日々研鑽《けんさん》を積んでいたりするのである。

相手を呪う《調伏法》とその実践者たち

だが、そうしたエキスパートたちのなかには、非常に危険な領域にまで足を踏み入れてしまう者も入る。

それが、いわゆる調伏法の行者たちである。

第3章でも見てきた通り、密教には、怨敵やライバルを〝呪殺〟するための祈禱というものが存在する（125ページ参照）。

たとえば、**最も恐るべき修法の一つといわれる大威徳明王法**《だいいとく》は、本尊の前に三角形の護摩壇を置き、呪う相手の人形を用意して、これに真言を唱えながらクイを打ち込むという、見るもオドロオドロしい呪殺法である。

呪われた相手は、もがき苦しみながら血を吐き、病み衰えて、最終的には死にいたるという。


こうした闇の呪法は、一つや二つではない。

歴史的に見ても、明王や天部《てんぶ》の修法のなかには、かなりまがまがしい呪法が多いことがわかる。このような呪法の本尊と縁を交わした行者たちが、依頼者の怨恨《えんこん》や煩悩に巻き込まれるかたちで、調伏法の闇に沈潜《ちんせん》していったのだろう。

そこには、真言密教で重視される『理趣経《りしゆきよう》』のなかに、殺人を肯定するかのような一節があることも大きかったと思われる（だからこそ空海は、この誤解されやすい経典の解釈書を最澄《さいちよう》に貸すのをためらったのだろう）。

現在の日本密教では、少なくとも表向きは、調伏法を禁じている。

すべての衆生を救い、慈悲をもって導くことを、灌頂で誓っているからである。

だが、やはり人間の心は弱く、義憤にかられて〝怒り〟に取り込まれていくこともある。そして、「こんなやつは死んだほうがいい」というダークな思いが生まれることもあるだろう。

やがて正式な僧であることをやめ、民間の祈禱師となって、そうしたドス黒い修法に明け暮れている者もまちがいなくいる。

ネパールやチベットの密教でも、そうした呪殺祈禱は今も行なわれているという。

しかし、「人を呪わば穴二つ」ともいう通り、呪いは行者の身をも滅ぼすということを、肝に銘じておく必要があるだろう。

コラム

密教における「師」と「弟子」の関係とは

なぜ、密教が〝秘密の教え〟なのかと言えば、それは端的に言って、**密教には危険な部分がある**からである。ふつうの仏教ではない、超常的な力を獲得するために、心身の変容をもたらす必要があるからだ。

だからこそ、師となる者は、入門者の「機根《きこん》」（精神的素質）をきちんと見きわめて指導しなければならない。

なにしろ教え方を失敗すれば、**初心者はあっという間にダークサイドに**落ちてしまい、妖《あや》しい祈禱師などになってしまいかねないからだ。

そのために、儀軌《ぎき》（儀式や供養の方法・規則。それらを記した文書）や、口訣《くけつ》と呼ばれる口頭のみで伝える秘伝は、簡単には授けなかった。

密教が入門者たちに何度も灌頂を受けさせるのは、そのたびに戒をほどこして、

「正しい仏教者としてのあり方」を再認識させる必要があったからでもある。

ところが、仏教における師と弟子の関係というのは、なかなか難しい。

仏教において、師と弟子の関係がひときわ濃厚なのは、禅宗と密教だろう。どちらも、弟子は師匠のことを何をおいても優先しなければならない。

師に対しては反抗や批判など絶対に許されないことであり、師が言うことはなんでもありがたく拝聴しなければならないのである。

逆に言えば、反抗や批判などする余地もないような尊敬できる師につくことが、禅宗や密教の場合は非常に重要だ。

師が弟子を選ぶのではなく、弟子が師を選ぶということである。

密教僧にもいろいろなタイプがいる。はっきり言って人格者ばかりではないし、行者としての能力の差だってあるだろう。

だから、入門者の側にも「人を見る目」が必要なのである。なにしろ、いったん弟子入りしたら、そう簡単に師を代えることなどできないのだから。

もちろん、師のほうでも、最初から弟子入りを拒むこともできれば、場合によっては長年の弟子を破門にすることだってある（280ページ参照）。

師は実の親とはちがう。弟子も実子ではない。

師と弟子は、〝法の伝授〟を血よりも重視する、究極の継承関係なのである。

6章

その「摩訶不思議な世界」を体験！

……覚えておくと救われる「印」と「真言」

それでも「密教を試してみたい」あなたに

「このくらいだったら、いいよ」というラインがある

前章では、入門者はいかにして密教僧となり、修法三昧《しゅほうざんまい》の世界に入っていくのか、ということを説明した。

だが、当然のことながら、誰もが密教僧になれるわけではない。

家庭や仕事の事情だってあるだろうし、「とても、そこまでする覚悟はない」という人だって少なくないだろう。

しかし、**それでも密教をどうしても体験してみたい**、という人は、いったいどうしたらいいのだろうか。

何度も書いているように、密教は〝秘密の教え〟であり、基礎の修行を終えて灌頂《かんじょう》を受けた者でないと、修法などは絶対に教えてもらえないものなのだ。

しかし、である。

ここからはキレイごとを抜きにして、少しぶっちゃけた話をしてみよう。

日本に密教が伝わってから、もう1200年以上がたつ。どんなに秘密にしていても、長い歴史のなかのどこかで、ボロボロと漏れてしまっている部分はある。

流派も無数に近いくらいに分かれているから、どこでどのような伝授が行なわれているか、すべてを把握するのは不可能だ。

そうしたなかには、かなり気楽に秘儀の伝授が行なわれているケースもあるだろう。

経済的に窮して、カネで秘法を売るような行者だっていたはずだ。

つまり、〝秘密の教え〟ではあるけれど、けっこう秘密はダダ漏れ状態であるうえに、形式主義化、形骸《けいがい》化の波さえも押し寄せている。

この印を結んで、こう真言《しんごん》を唱えれば、誰だって密教行者になれると言わんばかりの、お手軽なカリキュラムすら存在するのだ。

さらに言えば、秘密というタテマエではあるが、この現代においては、実はほとんどすべてと言っていいくらいの秘儀が文字化されていたりする。

ただ、そうした文書は符牒《ふちょう》（隠語）や専門用語だらけなので、素人にはチンプンカンプンでほとんど理解できないというだけの話なのである。

たとえば、秘伝書を読んでいるとよく「ロイ」という記述が出てくる。それもかなり重要そうな部分ばかりにだ。これは実は「口伝《くでん》」と読む。旧字体の「口傳」が、画数が多いため、昔は省略して書いていたのである。

おそろしいことに、それが活字化されても「ロイ」のままなのだ。

そうしたことも知らずに、もったいぶって「密教には〝ろい〟というものがあってな」などとエラそうに教える師僧がいるらしいが、そんな似非《えせ》師匠につくと大恥をかくことになる。

さて、話がつい脱線してしまったが、とにかくどの世界にも〝このくらいだったら、いいよ〟というラインは存在する。本章では、そうした〝体験入門〟的な部分と、在家でも行なわれてきた密教的な呪法の数々を紹介しておこう。

これだけは覚えておきたい！「金剛合掌」

密教僧たちの話をいろいろ聞いていると、秘伝のなかでも、とりわけ秘密にされるのが印（印契《いんげい》・印相《いんぞう》ともいう）である。有名な阿闍梨《あじゃり》の肖像画などで、よく懐《ふところ》に手を入れた姿で描かれているものがあるが、あれは秘密の印を結んでいる姿なのである。

ただ、仏像や仏画などでわかりやすく明示されている印もある。

その最も有名なものは、下図の**釈迦《しゃか》如来《にょらい》像の５つの印**だ。

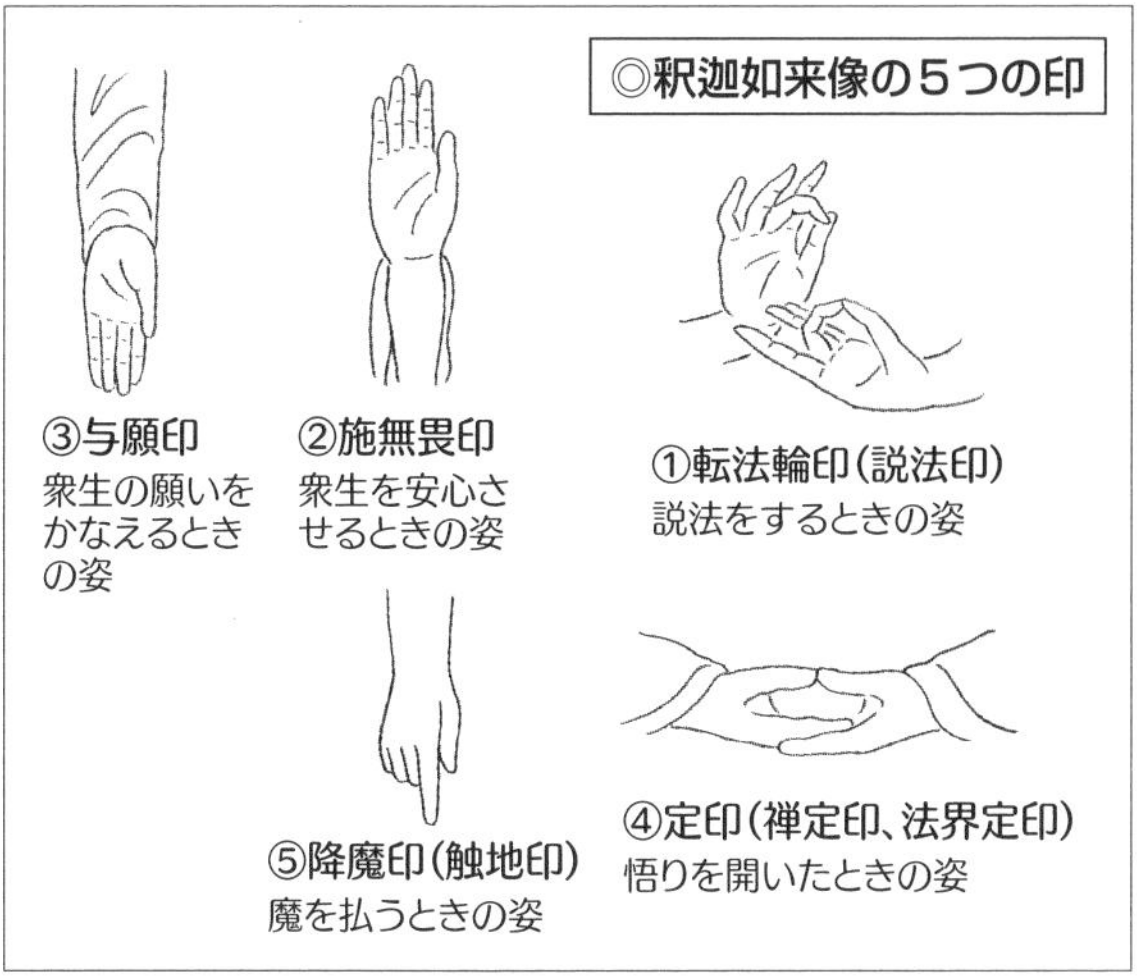
◎釈迦如来像の５つの印
①転法輪印（説法印）
説法をするときの姿
②施無畏印
衆生を安心させるときの姿
③与願印
衆生の願いをかなえるときの姿
④定印（禅定印、法界定印）
悟りを開いたときの姿
⑤降魔印（触地印）
魔を払うときの姿

①**転法輪印**《てんぽうりんいん》……説法をするときの姿
②**施無畏印**《せむいいん》……衆生を安心させるときの姿
③**与願印**《よがんいん》……衆生の願いをかなえるときの姿
④**定印**《じょういん》………悟りを開いたときの姿
⑤**降魔印**《ごうまいん》……魔を払うときの姿

このうちの定印は、胎蔵界《たいぞうかい》大日如来の法界定印《ほっかいじょういん》と同じものである。

ついでに言うと、金剛界《こんごうかい》大日如来の智拳印《ちけんいん》は、おそらく仏像や仏画を見ただけでは、正確に結ぶことはできないだろう。そこには、印を結ぶ者の側から見ないとわからない、ちょっとした秘伝があるからである。

それと、密教には**「独特な合掌《がっしょう》のしかた」**がある。

合掌も印の一種なので、おろそかにせずに学んでおく必要がある。

代表的なものは、次の3つである。

虚《こ》心《しん》合掌……両掌《りょうてのひら》を合わせて、少しふくらませた形
末《み》敷《ふ》蓮《れん》合掌……虚心合掌にして、中指だけを少し離した形
金剛合掌……両手の指を互いちがいに入り組ませた形

とくに**金剛合掌は、「すべての印の代用として使える万能の印」**とされ、あらゆる場において使用されている。そういう意味では、最も重要な合掌法といえる。
勤行《ごんぎょう》の前に必ず行なう礼法《らいほう》（普礼《ふらい》）でも、金剛合掌をしながら**「オン・サルバ・タタギャタ・ハンナマンナ・ノウキャロミ」**の普礼真言を唱えるのだ。

虚心合掌
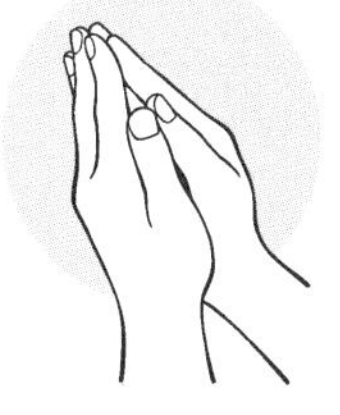

末敷蓮合掌
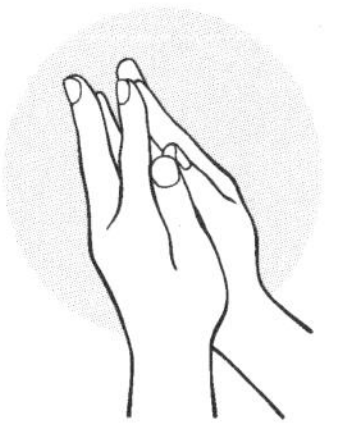

金剛合掌
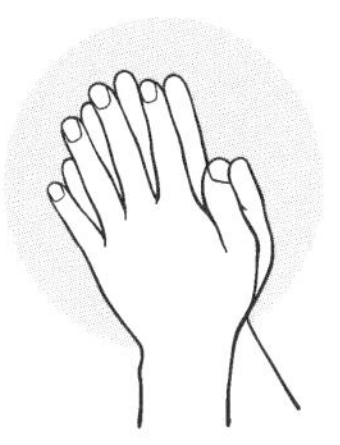

また、次の2つの印は、印の基本中の基本なので、まずは知識としてだけでも知っておきたい。この2つがわからないと、印の説明ができないからだ。

外縛印《げばくいん》……両手をがっちり組んで握る
内縛印《ないばくいん》……すべての指を内側に隠すように組んで握る

外縛印

内縛印

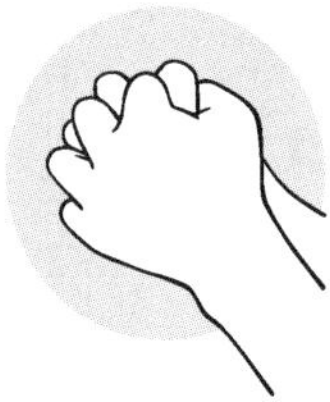

マイナスの波動を避けるための「護身法」

この世は、ありとあらゆる危険や悪意に満ちている。

ちょっと油断をすると、いつの間にか嫉妬や怨恨、あるいは中傷や嘲笑《ちょうしょう》などの邪悪な波動に取り囲まれて、心身を壊したりしかねない。密教では、そうしたさまざまなマイナスの波動を避けるためにも、まず学ぶのが「護身法《ごしんぽう》」なのだ。

十八道行法《どうぎょうほう》（221ページ参照）の最初の段階である**「荘厳《しょうごん》行者法」**というのが、その護身法に当たるわけだが、これははっきり言って、一般人には非常にハードルが高いワザである。

そこで、ここではそれよりもごくごくシンプルな護身法を紹介しておこう。

密教では、道場に入る前などに、よく行なう所作がある。

それは、**右手を握って、親指で人差し指を押さえてから、弾《はじ》くように人差し指を勢いよく前に出す**、というものだ。

このとき、はっきりパチンと音を出さなければならない。

これを、右・左・右の方向に向かって、3回行なうのである。言ってみれば、場の浄化であり魔除けのようなものだ。密教ではこれを**「弾指《たんじ》」**という。

よくマジシャンがカードマジックなどのときに指を鳴らす、いわゆる指パッチンという所作があるが、それに似ているようでまったくちがう。

指パッチンでは親指と中指が主役だが、弾指では親指と人差し指を使うのだ。

これは、**ありとあらゆる場面で使用可能な簡便な護身法**で、ふだんから練習しておけば、いざというときに効力を発揮する、なかなかのすぐれワザなのだ。

右・左・右をワンセットとして、何度行なってもいい。

くりかえすが、乾いたようないい音を出す、ということが肝心である。

弾指

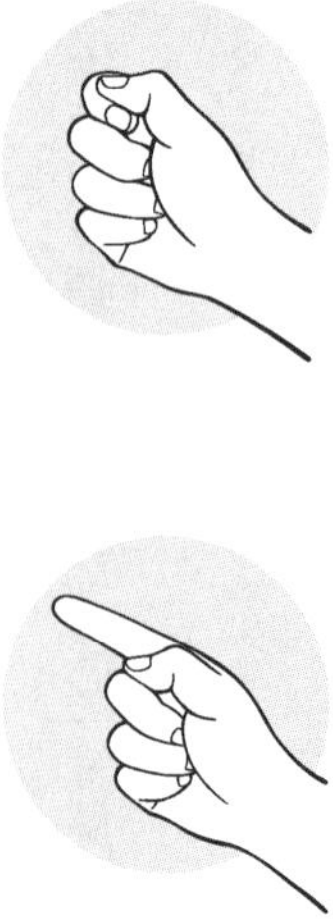

修験道の《早九字》《切紙九字》で魔を払う！

もう一つだけ、修験道《しゅげんどう》で使われる**「九字《くじ》の護身法」**も紹介しておこう。

これはもともと密教ではなく、道教の秘伝であったものだが、次第に密教に取り込まれ、とりわけ修験者《しゅげんじゃ》（山伏《やまぶし》）たちが得意としていた。

よく映画などで忍者がこのワザを使うシーンが出てくるが、もちろんこれは、山伏たちが行なっていたことを忍者が取り込んだものである。

これまた、最も基本的な護身法の一つなので、ぜひ覚えてもらいたい。

「臨《りん》・兵《ぴょう》・闘《とう》・者《しゃ》・皆《かい》・陣《じん》・烈《れつ》・在《ざい》・前《ぜん》」という9つの字を唱えて邪気を払う、というのが基本のワザなのだが、大きく分けて2つの方法がある。

まず、簡単なほうの**《早《はや》九字》**から説明しよう。

右手で、人差し指と中指のみを伸ばす**刀印《とういん》**を結ぶ。

そして、九字を唱えながら、その刀印で空中に5横4縦の格子《こうし》模様を描く。

格子の描き方は、「臨」と唱えつつ横線を、「兵」と唱えつつ縦線を引いて、そのあとは、図のように1字ごとにヨコ・タテ・ヨコ・タテ……と、少しずつ線をずらしながら描いていくのだ。この作法を行なうことを、「九字を切る」という。

この早九字は、おもに緊急時に使用される護身法で、刀印でもって描いた格子は、いわば霊的バリアであり、これが簡易版の結界となって、さまざまな魔から身を守ることができるとされている。

しかも達人になると、これがただの護身法ではなく、対立する相手への攻撃呪《こうげきしゅ》としても使えるようになるという。

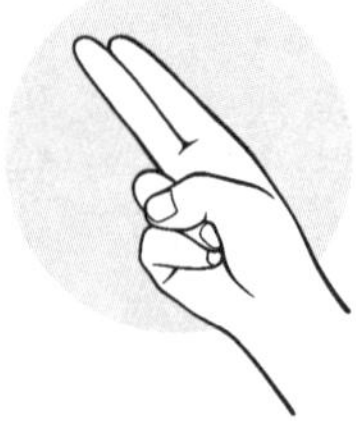

刀印

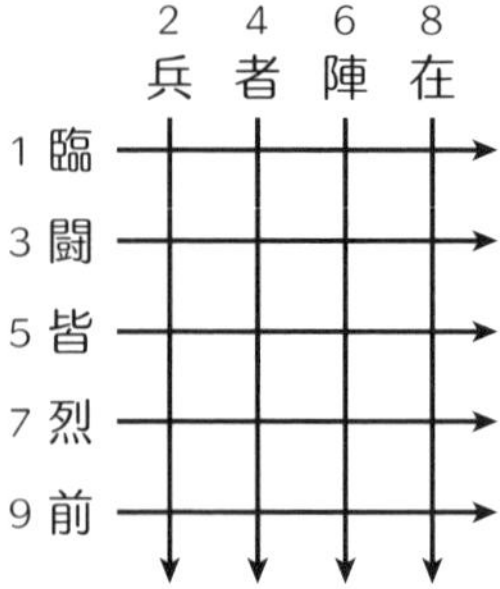

しかし、早九字はあくまで略式のもので、正式には、次の9つの印を連続して結びながら九字の言葉を唱える。これを《切紙《きりかみ》九字》という。

「臨」……普賢三昧耶印《ふげんさんまやいん》（毘沙門天《びしゃもんてん》）
「兵」……大金剛輪印《だいこんごうりんいん》（十一面観音《じゅういちめんかんのん》）
「闘」……外獅子印《げじしいん》（如意輪《にょいりん》観音）
「者」……内獅子印《ないじしいん》（不動《ふどう》明王）
「皆」……外縛印（愛染《あいぜん》明王）
「陣」……内縛印（聖《しょう》観音）
「烈」……智拳印（阿弥陀《あみだ》如来）
「在」……日輪印《にちりんいん》（弥勒菩薩《みろくぼさつ》）
「前」……隠形印《おんぎょういん》（文殊《もんじゅ》菩薩または摩利支天《まりしてん》）

カッコ内の仏尊は、それぞれの字と印に宿る本地仏《ほんじぶつ》で、それらの霊威が1字ごとに発動して行者の身体を守るというのである。

何か重要なことをはじめる直前や、危機が迫ったときなどに、この九字の護身法を試してみてはいかがだろう。

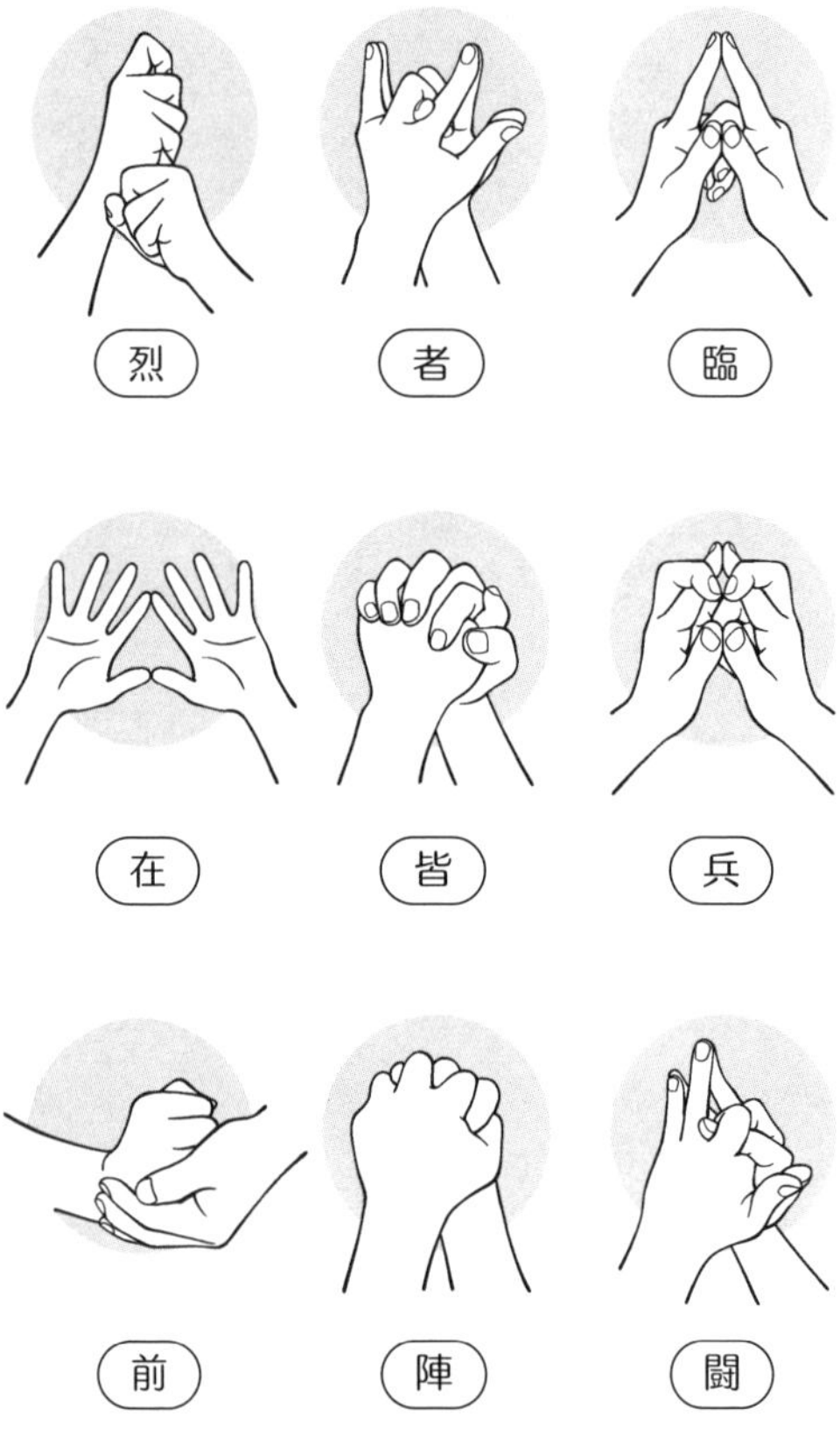

御利益別！さまざまな秘法

民間呪術としての密教

さて、護身法をしっかりと学んだら、次は実践である。

しかし、本格的な密教修法をここに書くわけにはいかないから、あくまで〝体験入門〟的な部分までだが、それでもコツをつかめば、かなりの効力を実感することができるはずだ。

言ってみれば、**信仰者レベルの修法**である。

実は、このような在家の信仰者たちによる密教呪法というのは、かなり昔から行なわれてきた形跡がある。

しかも、そうした民間呪術としての密教の実践者のなかには、〝セミプロ〟とでも称すべき祈禱師になっていった者も少なくない。

つまり、それだけの効力を発揮するものだった、ということだろう。

これらの最大の特徴は、プロのワザとはちがって、非常にシンプルでわかりやすいことにある。

出家して密教僧になるのはたいへんだが、ここでは在家の信仰者の立場で、密教修法のまねごとをやってみようというわけだ。

なお、これから紹介する各種秘法を実践する前には、なるべく次の普礼《ふらい》と護身法を行なっておきたい。

①普礼

金剛合掌（249ページ参照）し、次の真言を3回または7回唱える。

「オン・サルバ・タタギャタ・ハンナマンナ・ノウキャロミ」

②護身法

切紙九字（255ページ参照）を行なう。

時間がない場合でも最低限、弾指（251〜252ページ参照）くらいはしておこう。

商売繁盛と金運を引き寄せる《弁才天秘法》

弁才天《べんざいてん》（インド名・サラスヴァティー）というのは、池・湖・海など水に関連する場所によく祀られている水の女神であり、梵天《ぼんてん》の妃ともされる。また日本では七福神のひとりとして宝船に乗っていたりする。

密教では、弁論や音楽・芸能の方面に関して霊験《れいげん》があらたかだといわれる。

修法はいたって簡単で、次の通り。

弁才天の印を結ぶ。左手の上に、少し離して右手がくるように。

琵琶《びわ》を持つ天女形の弁才天像、もしくは**梵字**《ぼんじ》**のソ字**を観想しつつ、次の真言を何度も心ゆくまで唱える。

「オン・ソラソバテイ・エイ・ソワカ」

芸能関係や弁舌系の道に進もうという人は、ぜひ実践してみてほしい。

また、「弁財天」と表記されることもあるが、その場合

ソ字

は財神となる。印は同じだが、八臂《はっぴ》（8本の腕）で頭上に宇賀神《うがじん》という蛇の神と鳥居をのせた弁才天像を観想しながら、次の真言を、同じように何度も心ゆくまで唱える。

「オン・ウガヤジャヤ・ギャラベイ・ソワカ」

こちらは商売繁盛や金運を引き寄せるとされていて、毎日これをくりかえしていると、やがて貧困を脱して富裕になり、長命にもなるという。

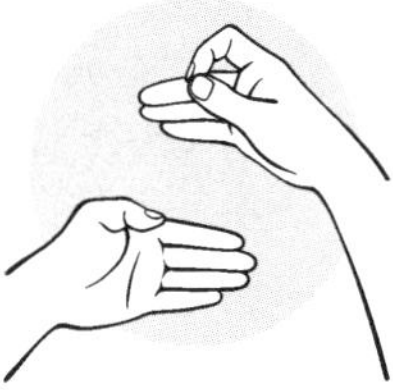

弁才天の印

難敵やライバルに打ち勝つ《尊勝仏頂法》

密教の呪文＝真言という理解で、ずっとここまでお読みいただいたと思うが、この**真言の長いものを、とくに「陀羅尼《だらに》」**と呼ぶ。

そして、密教界で重視されてきた3つの陀羅尼があり、なかでも、とりわけすごい効力を発揮してきたのが、ここに紹介する**《仏頂尊勝《ぶっちょうそんしょう》 陀羅尼》**である。

ちなみに、あとの2つは《宝篋印《ほうきょういん》陀羅尼》と《阿弥陀仏根本陀羅尼》で、これらを合わせて**密教の三陀羅尼**という。

非常に長い呪文だが、とにかく一気に唱えきってしまうことが重要だ。

両手は**金剛合掌**、または**仏頂尊の印**を結ぶ。

尊勝曼荼羅《まんだら》の掛け軸があれば言うことはないが、そんなものを用意できる人はまれにしかいないだろうから、できれば釈迦如来像を用意する。

像は小さくてもいい。なければ、**バク字**を大きく書いた

バク字

紙でもいい。

「仏頂」とは、釈迦の頭頂のでっぱり（肉髻《にっけい》）を意味するものなので、その部分から仏（仏頂尊）が生じ、またバク字に変じるように観想しながら、次ページに載せた《仏頂尊勝陀羅尼》を唱えるのだ。

これを、毎日最低1回は唱えていると、目の上のタンコブのような人物や、仕事上の強敵などに打ち勝つことができるという。

また、この陀羅尼を毎日21回唱えつづけることで、すべての罪業が消えて悟りの境

仏頂尊の印

地にいたることができるともされ、実は禅宗でもよく唱えられる呪文なのである。

《仏頂尊勝陀羅尼》

「ノウボ・バギャバテイ・タレイロキャ・ハラチビシシュダヤ・ボウダヤ・バギャバテイ・タニヤタ・オン・ビシュダヤ・ビシュダヤ・サンマサンマ・サンマンダ・ババシャソハランダ・ギャチギャガノウ・ソワハンバ・ビシュデイ・アビシンシャトマン・ソギャタ・バラバシャノウ・アミリタ・ビセイケイ・マカマンダラハダイ・アカラアカラ。アユサンダラニ・シュダヤシュダヤ・ギャギャノウビシュデイ・ウシュニシャビジャヤ・ビシュデイ・サカサラアラシメイ・サンソジテイ・サラバタタギャタ・バロキャニ・サタハラミタハリホラニ・サラバタタギャタ・キリダヤ・ジシュタノウ・ジシュチタ・マカボダレイ・バザラキャヤ・ソウカタノウ・ビシュデイ・サラババラダ・バヤドラギャチ・ハリビシュデイ。バラチニバラタヤ・アヨクシュデイ・サンマヤ・ジシュチテイ・マニマニマカマニ。タタタボタクチ・ハリシュデイ・ビソホタ・ボウジシュデイ・シャヤシャ・ビジャヤビジャヤ・サンマラサンマラ・サラバボダ・ジシュチタシュデイ・バジリバザラギャラベイ・バザランババトママ・シャリラン・サラバサトバンナン・シャ・キャラハリビシュデイ。サラバギャチハリシュデイ・サラバタタギャタ・シッシャメイ・サマジンバサエンド・サラバタタギャタ・サマジンバサ・ジシュチテイ・ボウジヤ・ボウジヤ・ビボウジヤ・ビボウジヤ・ボウダヤ・ボウダヤ・ビボウダヤ・ビボウダヤ・サンマンダ・ハリシュデイ・サラバタタギャタ・キリダヤ・ジシュタノウ・ジシュチタ・マカボダレイ・ソワカ」

あらゆる害毒を消滅させる《孔雀明王法》

孔雀《くじゃく》明王は、いちおう明王の仲間とされてはいるものの、顔は怖くないし、それどころかなにやら優美で女性的な感じがする仏尊だ。

それもそのはず、もともとはマハーマユーリーというインドの女神なのである。だから、孔雀仏母《ぶつも》とも呼ばれ、ほかの明王とは一線を画す存在と言える。

真言宗では孔雀明王法は四大秘法のひとつとされるほどに重視されてきた。それは、この秘法が、**あらゆる害毒を消滅させることによって、不老や延命をもたらす**とされてきたからである。

孔雀は害虫や毒蛇をも食らう鳥であり、孔雀明王は人々に害をもたらす魔を打ち滅ぼす神であった。しかも、人々の心の三毒《さんどく》（貪《むさぼ》り・怒り・愚かさ＝貪《とん》・瞋《じん》・痴《ち》）までをも食らってくれる存在なのである。

孔雀明王の印は、少しばかり特別な所作が必要となる。図のように、両手を外縛してから親指と小指のみを合わせて伸ばす。親指は孔雀の頭を、小指は尾をあらわす。

そして、次の真言を何度も唱えながら、人差し指・中指・薬指を孔雀の羽のようにパタパタさせるのである。

「オン・マユラ・キランテイ・ソワカ」

あたかも、金色の孔雀が自分に向かって飛翔してくるように観想してみよう。

そうすれば、孔雀明王の神秘的なパワーが身に宿るかもしれない。

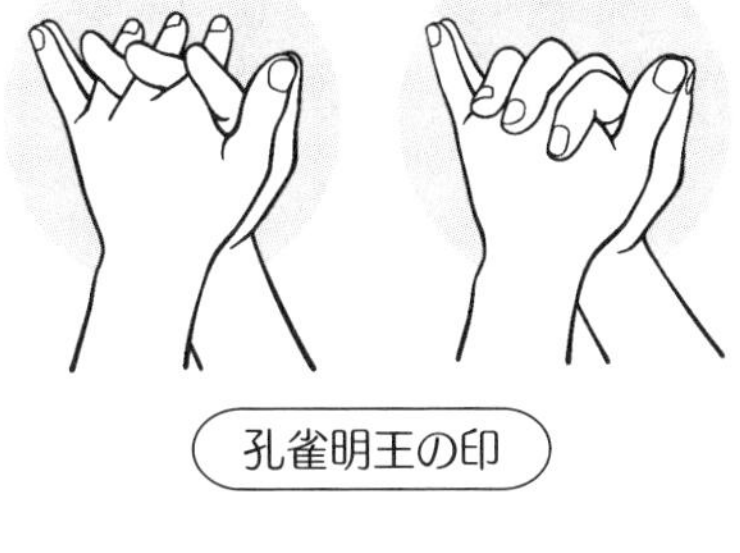

孔雀明王の印

恋愛成就・夫婦円満・子宝にめぐまれる《愛染明王法》

愛染明王は、その名に「染」の字があることから、染物業者や織物業者から今も守護仏としてあつく信仰されている仏尊である。だが、もちろんそれだけではない。むしろ、名前に「愛」の字がつくことのほうが、より重要だろう。

愛染明王とは、密教の第二祖の金剛薩埵《こんごうさった》の化身であり、愛欲を肯定する密教の教え（煩悩即菩提《ぼんのうそくぼだい》）を象徴する仏である。だから、昔から愛染明王は、縁結びや恋愛の成就を求める女性たちに広く信仰され、水商売の関係者にも崇敬《すうけい》されてきた。

たしかに、赤い日輪《にちりん》の中にいて弓矢を持つ愛染明王は、顔は怖いが、日本のキューピッドとも言える像容ではある。

さて、愛染明王の真言は少し長く、次のようなものだ。

「オン・マカラギャ・バゾロ・ウシュニシャ・バザラサトバ・ジャク・ウン・バン・コク」

ウン字

愛染明王の印は、内縛してから中指を立てて交差させる少し不思議な形だ。

この印を結んで、心の中に**ウン字**を念じながら、真言を唱えよう。

愛染明王を信仰すると、恋愛や夫婦関係がうまくいくだけでなく、子宝にもめぐまれ、その子どもにも福徳と愛嬌がそなわるという。

また、この愛染真言を30万回唱えると、あらゆる相手を従えられるようになり、さらに広い尊敬を得ることができるともいわれている。

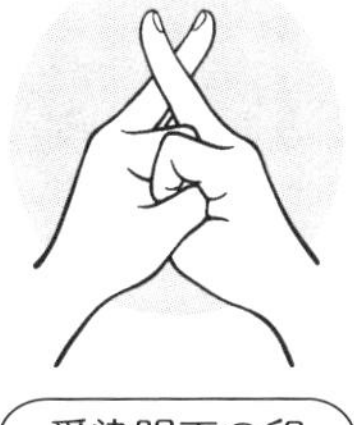

愛染明王の印

オールマイティーな御利益《光明真言法》

真言の種類は無数にあると言っても過言ではないが、そのなかでも、これぞ〝真言のなかの真言〟という、**究極の真言**がある。

もう何に対してでも、いつでも、どんなところでも使える、言ってみれば、オールマイティーの真言だ。これは大日如来の真言であると同時に、あらゆる諸仏諸菩薩の〝総呪《そうじゅ》〟でもあるという《**光明真言**《こうみょう》》である。

おそらく、真言宗の在家信者が最もよく唱えるのが光明真言であり、四国のお遍路さんたちも、この光明真言を唱えながら巡礼をしている。とにかくこれを唱えれば、あらゆる魔を破砕することができ、ただ聴くだけでも、おのれの罪障がどんどん消滅（滅罪）していくというすぐれものだ。それは、次の真言である。

「オン・アボキャ・ベイロシャノウ・マカボダラ・マニハンドマ・ジンバラ・ハラバリタヤ・ウン」

これを、**金剛合掌しながら、とにかくひたすら唱える。**

毎日くりかえし唱えていると、病や災いが消え失せ、家内円満・商売繁盛、さらには魔除けや除霊にまで効果ありというのである。

とくに何回行なうべしと決まっているものではないが、唱えるほどに効果は増すとされているので、とりあえずは1000回を目標として唱えつづける、というやり方もあるだろう。実は、この**光明真言には金剛界五仏の名が隠されている**という。

アボキャ（不空なる）→不空成就《ふくうじょうじゅ》如来
ベイロシャノウ（毘《び》盧《る》遮那《しゃな》仏《ぶつ》）→大日如来
マカボダラ（大いなる印）→阿閦《あしゅく》如来
マニ（摩尼《まに》宝珠《ほうじゅ》）→宝生《ほうしょう》如来
ハンドマ（蓮華）→阿弥陀如来

金剛界五仏は、五大明王の本地《ほんじ》仏《ぶつ》でもある。

ということは、密教界最強のメンバーの名がそろった真言ということにもなるだろう。

学問向上と受験必勝の《文殊菩薩法》

神社界では、学問の神さまというと菅原道真《すがわらのみちざね》（天神さま）だが、仏教界ではなんといっても、**文殊《もんじゅ》菩薩**である。なにしろ、「三人寄れば文殊の知恵」ということわざがあるほどに頭脳明晰で知られる仏なので、そのご利益もまた格別というわけだ。

文殊菩薩は、普賢《ふげん》菩薩とともに、釈迦如来の両脇（文殊は向かって右）に侍《じ》することが多い。そして獅子に乗って、右手に剣を左手に経巻《きょうかん》を持っていたりするのが、スタンダードな文殊菩薩像だろう。

密教では、**文殊菩薩の頭部のマゲ（髻《けい》）の数が重要**となってくる。よく見ると、文殊菩薩像には、マゲの数が1つのもの、5つのもの、6つのもの、8つのものがあることがわかる。これらは一字文殊、五字文殊、六字文殊、八字文殊と呼ばれ、それぞれ真言もちがえば、ご利益もちがうのである。

このうち、**学問向上には五字文殊、受験必勝には八字文**

マン字

殊がよいとされる。

文殊菩薩の剣印を結びながら、得たいご利益に則して、

「オン・アラハシャ・ノウ」（五字文殊）

「オン・アビラ・ウン・キャシャラ」（八字文殊）

と、いずれかの真言を毎日唱えよう。なお、この八字文殊のほうの真言は、家の中の怪異現象を鎮めることにも絶大な効力を発揮するといわれている。その場合は、真言を唱えながら、**マン字**を書いた紙を怪異の起こる場所に貼りつけるとよいという。

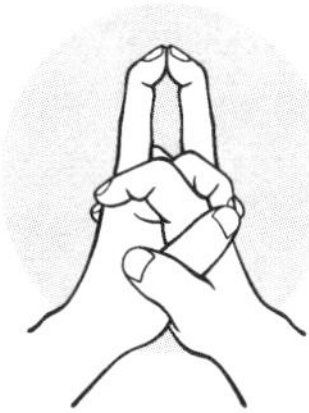

文殊菩薩の印

安産と夫婦和合を導く《鬼子母神法》

鬼子母神《きしもじん》という、その名も恐ろしい名前の仏は、インド名をハーリティといい、密教では「訶梨帝母《かりていも》」と呼んでいる。もともとは子どもをとらえて食らう鬼神だったが、仏の力で改心し、逆に母親や子どもを守る女神になったという。

この仏には2種類の像があり、一つはナマハゲにそっくりの鬼の姿の合掌像で、こちらはよく日蓮宗《にちれん》の寺院に祀られている。もう一つは、柔和な顔で子どもを抱いている女神像だ。密教における尊像はこの柔和な女神像のほうである。

よくよく考えてみれば、これは西欧でよく見かける、幼な子のイエスを抱く聖母マリア像とそっくりの姿で、太古からの普遍的な女神像の仏教バージョンともいえる。

子どもの成育や安産祈願、夫婦和合のほか、盗難除けにもご利益があるとされ、できれば、供え物としてザクロを用意する。そして、自分の食べるものの一部をそこに加える。

そして、ここが肝心なのだが、**鬼子母神の修法を行なうのは真夜中**に限り、しかも決して人に見られてはならない。

鬼子母神の印は、左手を右手で握る印を結びながら、次の真言を1万回唱える。

「オン・ドドマリ・ギャキテイ・ソワカ」

これを、何日かけてもよいから、とにかく1万回唱えきるのである。

修法を人に見られてはならないのは、この女神像のほんとうの姿が鬼の顔なので、本尊がそれを恥じるからだとされている。

もう一つ、注意点がある。この1万回を最後まで唱えきるまでのあいだは、行者は食事の際に、つねにその一部を鬼子母神の供え物として供養し（その際、真言を7回唱える）、その分の食事は食べずに、川や海などに流して捨てるべしとされる。

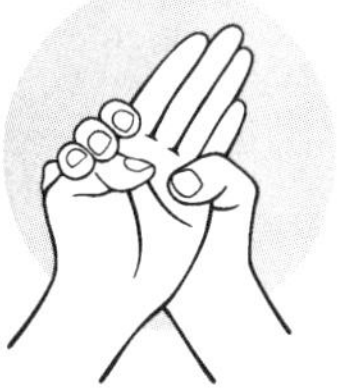

鬼子母神の印

「ふと唱えるだけで効く」真言を一挙紹介！

ここまで、いくつかの密教修法をご紹介してきたが、ほかにもまだまだ無数と言っていいほどに、こうした呪法はある。

だが、いくらプロ仕様ではないといっても、やはりこれらを実践するには、それなりにハードルも高いことだろう。

そのような際は、もっともっと気軽に、ただそれぞれの仏を念じながら真言を唱えるだけでもいい。

あるいは、お寺や祠《ほこら》を参拝するときに、金剛合掌しながら唱えてもいい。

そのために、最後に各仏尊の真言だけでも列挙しておこう。

なにかの折りに、ふと唱えるだけでも、きっとなんらかの効果があるはずだ。

・出世と開運を得るための大黒天《だいこくてん》の真言
「オン・マカキャラヤ・ソワカ」

・不浄やケガレを払う烏枢沙摩《うすさま》明王の解穢《ぐえ》真言
「オン・クロダノウ・ウン・ジャク」

・苦しみからの解放をもたらす地蔵《じぞう》菩薩の真言
「オン・カカカ・ビサンマエイ・ソワカ」

・病気平癒と精神の安穏を導く薬師《やくし》如来の真言
「オン・コロコロ・センダリ・マトウギ・ソワカ」

・水難・火難・盗難などから身を守る摩利支天の隠形呪《おんぎょうしゅ》
「オン・アニチヤ・マリシエイ・ソワカ」

・さまざまな願いごとに効果バツグンの千手《せんじゅ》観音の真言
「オン・バザラ・ダルマ・キリク」
・恐怖や不安を解消する馬頭《ばとう》観音の真言
「オン・アミリト・ドハンバ・ウン・ハッタ」
・智慧と福徳を得るための虚空蔵《こくうぞう》菩薩の真言
「オン・バザラ・アラタンノウ・オン・タラク・ソワカ」
・あらゆる邪気を粉砕し開運をもたらす不動明王の慈救呪《じくしゅ》
「ノウマク・サンマンダ・バザラダン・センダ・マカロシャダ・ソワタヤ・ウンタラタ・カンマン」
・悟りの境地に近づくための釈迦如来の真言
「ノウマク・サンマンダ・ボダナン・バク」

・宇宙最高の徳を目指すための大日如来の真言
「ノウマク・サンマンダ・ボダナン・アビラ・ウンケン」（胎蔵界）
「オン・バザラ・ダト・バン」（金剛界）

コラム

「秘伝」を漏らした者は地獄に堕ちる?

初期仏教では、出家者がセックスをしたり、人のものを盗んだり、殺人を犯したり、嘘をついたりすると、**「波羅夷罪《はらいざい》」**と称して教団を永久追放された。

わかりやすい言葉で言うと、**破門**となったのである。

いったん波羅夷罪の烙印《らくいん》を押されると、たとえどんなに後悔し改心したとしても、もう二度と出家者になることはできない。

在家の信徒になることはできても、教団(僧伽《そうぎゃ》=サンガ)には戻れないのだ。

それほど、初期の仏教修行者たちの戒律は徹底していた。

当然ながら、密教の世界にも破門はある。

つまり、絶対にしてはならないことがある、というわけだ。

密教における絶対のタブー、それは、伝承されてきた秘密の教えを外部の人間に漏らしてしまうことだ。

正式な灌頂（入門儀礼）を受けていない者に、秘密の真言や印を教えることは、密教では最大の罪とされるのである。

これを**「越三昧耶《おつさんまや》」**とか**「越法罪《おつぼうざい》」**という。

くわしくは、次のようなことだ。

・灌頂を受けていない者に、灌頂で何をするのかを教えてしまう
・灌頂を受けていない者に、諸仏の印や真言を教えてしまう
・密教を学ぶ力のない者に、灌頂を受けることを許してしまう
・師からの伝授を受けずに、曼荼羅や祭壇をつくってしまう
・阿闍梨の許可を得ずに、口伝の類をひもといて実践してしまう

これらのどれかをやらかしてしまうと、師匠はたとえどんなに可愛い弟子であっても、破門絶縁とせざるを得ないというのだ。

しかも、とある儀軌《ぎき》（秘儀の次第書）によれば、越三昧耶を犯した者は地獄に堕ち、そこから抜け出すことは永遠にできない、とまである。

何度も書いているように、密教の本格的な実践には危険がともなうからだ。

厳密な意味で考えるならば、本書もまた、このように印や真言を公開してしまっている以上、越法書と言えないこともない。

しかし、あえて言わせてもらうなら、師からの直接の伝授なしに修法を習得できることなどあり得ない。不可能なのである。

印や真言の具体的な所作を本だけから学ぶことは、絶対にできないからだ。

なぜ、空海が最澄の経典借覧の申し出を断ったのかといえば、本や経典からだけでは結局、密教は中途半端にしか学べないからである。

だから、本書の読者がほんとうの意味で密教の真髄を知りたい、体験したいと思ったら、本気で密教僧になるほかかない。

秘密の教えを知りたいかどうかは、まさに、あなた次第なのである。

参考文献

『密教の歴史』松長有慶（平楽寺書店）、『密教の世界』上山春平ほか、『密教の神話と伝説』松長有慶・高木訷元・和多秀乗（以上、大阪書籍）、『密教』頼富本宏、『性と呪殺の密教』正木晃（以上、講談社）、『呪術宗教の世界』速水侑（塙書房）、『沙門空海』渡辺照宏・宮坂宥勝（筑摩書房）、『空海の夢』松岡正剛（春秋社）、『空海密教の宇宙』宮坂宥勝（大法輪閣）、『空海と密教美術』正木晃（角川学芸出版）、『空海と錬金術』佐藤任（東京書籍）、『大日経の真髄を解く』安達駿（たま出版）、『古代香川の謎を解く』笠井則男・筒井雅幸（高松工芸高校）、『密教瞑想法』山崎泰廣（永田文昌堂）、『弘法大師空海全集』全8巻（筑摩書房）、『天台の密教』清水谷恭順（山喜房仏書林）、『天台宗寺院大観』木下寂善編（名著普及会）、『高野山と真言密教の研究』五来重編（名著出版）、『真言秘密加持集成』稲谷祐宣、『真言宗在家勤行講義』坂田光全（以上、東方出版）、『平安貴族社会と仏教』速水侑（吉川弘文館）、『季刊仏教21 特集密教コスモス』（法蔵館）、『加持祈祷奥伝』小野清秀（史籍出版）、『密教と曼荼羅』（世界文化社）、『真言事典』八田幸雄、『真言陀羅尼』坂内龍雄（以上、平河出版社）、『密教大辞典』（法蔵館）ほか

写真協力

◆神奈川県立歴史博物館：「六様性国芳自慢　先負　文覚上人」（147ページ）◆Kankan（株式会社ラシリン）：「金堂・不動明王坐像」（表紙カバー）「根本大塔・大日如来」（口絵）（以上、金剛峯寺蔵）◆共同通信社：和歌山県高野町の恵光院（231ページ）◆金峯山寺：「金剛蔵王大権現」（口絵）◆国立国会図書館ウェブサイト：『聾瞽指帰』（90ページ）『弘法大師一代記略』（92・99ページ）『繪本天神御一代記』（137ページ）「白河院御影」（141ページ）◆清浄光寺（遊行寺）：「後醍醐天皇御像」（口絵・151ページ）◆總持寺（西新井大師）：「弘法大師像」（口絵・83ページ）「弘法大師修法図」（85ページ）◆奈良国立博物館（撮影　森村欣司）：「龍樹菩薩像」（56ページ）「龍智像（真言八祖像のうち）」（61ページ）「金剛智像（真言八祖像のうち）」（66ページ）「不空像（真言八祖像のうち）」（69ページ）「善無畏像（真言八祖像のうち）」（71ページ）◆根津美術館：「金剛薩埵像」（52ページ）◆便利堂：「両界曼荼羅図（伝真言院）」（教王護国寺〈東寺〉蔵）（口絵）◆World　History　Archive／ニューズコム／共同通信イメージズ：「唐本御影」（129ページ）

本書は、本文庫のために書き下ろされたものです。

眠《ねむ》れないほどおもしろい「密教《みつきょう》」の謎《なぞ》

著者　並木伸一郎（なみき・しんいちろう）
発行者　押鐘太陽
発行所　株式会社三笠書房
〒102-0072 東京都千代田区飯田橋3-3-1
電話　03-5226-5734（営業部）　03-5226-5731（編集部）
https://www.mikasashobo.co.jp
印刷　誠宏印刷
製本　ナショナル製本

©Shinichiro Namiki, Printed in Japan ISBN978-4-8379-6929-7 C0130

＊本書のコピー、スキャン、デジタル化等の無断複製は著作権法上での例外を除き禁じられています。本書を代行業者等の第三者に依頼してスキャンやデジタル化することは、たとえ個人や家庭内での利用であっても著作権法上認められておりません。
＊落丁・乱丁本は当社営業部宛にお送りください。お取替えいたします。
＊定価・発行日はカバーに表示してあります。

王様文庫

王様文庫

眠れないほど面白い空海の生涯

由良弥生

驚きと感動の物語！「空海の人生に、なぜこんなにも惹かれるのか」――。弘法大師の野望と愛欲、多彩な才能。仏教と密教。そして神と仏。高野山開創に込めた願い。知れば知るほどすごい、1200年前の巨人の日常が甦る！　壮大なスケールで描く超大作。

眠れないほどおもしろい百人一首

板野博行

百花繚乱！　心ときめく和歌の世界へようこそ！　恋の喜び・切なさ、四季折々の美に触れる感動、別れの哀しみ、人生の儚さ、世の無常……わずか三十一文字に込められた、日本人の〝今も昔も変わらぬ心〟。王朝のロマン溢れる、ドラマチックな名歌を堪能！

本当は怖い日本史

堀江宏樹

「隠された歴史」にこそ、真実がある。◇坂本龍馬を暗殺した〝裏切り〟の人物　◇亡き夫・豊臣秀頼の呪いに苦しみ続けた千姫　◇島原の乱を率いた「天草四郎」は、架空の存在？……本当はこんなに恐ろしい、こんなに裏がある！　日本史の〝深い闇〟をひもとく本！

K30520

王様文庫

気くばりがうまい人のものの言い方

山﨑武也

「ちょっとした言葉の違い」を人は敏感に感じとる。だから……◎自分のことは「過小評価」、相手のことは「過大評価」◎「ためになる話」に「ほっとする話」をブレンドする◎「なるほど」と「さすが」の大きな役割◎「ノーコメント」でさえ心の中がわかる

心が「ほっ」とする小さな気くばり

岩下宣子

「気持ち」を丁寧に表わす65のヒント。◎人の名前を大切に扱う◎手間をかけて「心」を贈る◎ネガティブ言葉はポジティブ言葉に◎相手の「密かな自慢」に気づく◎「ありがとう」は二度言う……感じがよくて「気がきく人」は、ここを忘れない。

いちいち気にしない心が手に入る本

内藤誼人

対人心理学のスペシャリストが教える「何があっても受け流せる」心理学。◎「マイナスの感情」をはびこらせない◎〝胸を張る〟だけで、こんなに変わる◎「自分だって捨てたもんじゃない」と思うコツ……etc.「心を変える」方法をマスターできる本!

K30515

王様文庫

謎とロマンが交錯！
並木伸一郎の本

眠れないほどおもしろい「日本の仏さま」

色即是空、諸行無常、六道輪廻……仏の世界は、摩訶不思議！　人はなぜ秘仏に惹かれるのか？　どんな人も救う〝奇特な仏〟とは？　仏教が驚くほどわかるようになる本！

眠れないほど面白い死後の世界

人は死んだら、どうなるのか？　〝あの世〟とは一体、どのようなところなのか？　「魂」と「転生」の秘密――驚愕の体験談、衝撃のエピソードが満載！

眠れないほどおもしろい「古代史」の謎

天孫降臨、卑弥呼、箸墓古墳、古史古伝、仁徳天皇陵、神代文字……「神話」と「歴史」がリンクする瞬間とは――！　謎が謎を呼ぶ「古代史のロマン」を楽しむ本！

眠れないほどおもしろい「聖書」の謎

『聖書』がわかれば、世界がわかる！　旧約・新約の物語から、〝裏聖書〟の全貌まで――これぞ〝人類史上最大のベストセラー〟！

世界を動かすユダヤの陰謀

金融、経済、軍事、エネルギー、食糧……人類をあやつる「闇の支配者」たちの「驚愕の手口」のすべて！　この1冊で、「ユダヤの秘密」が全部わかる！

眠れないほど面白い「秘密結社」の謎

世界中の富・権力・情報を牛耳る「秘密結社」のすべてがわかる！　政治、経済、金融、軍事――今日も世界で彼らが〝暗躍〟している⁉

K60015